Siegfried Hetz

Erlebnis Salzburger Land
PINZGAU

AF119299

Siegfried Hetz

ERLEBNIS
SALZBURGER LAND

Band 2

PINZGAU

VERLAG ANTON PUSTET

Impressum

Bibliografische Information der Deutschen Nationalbibliothek
Die Deutsche Nationalbibliothek verzeichnet diese Publikation
in der Deutschen Nationalbibliografie; detaillierte bibliografische
Daten sind im Internet über http://dnb.d-nb.de abrufbar.

© 2011 Verlag Anton Pustet
5020 Salzburg, Bergstraße 12
Sämtliche Rechte vorbehalten.

  6   5   4   3   2
19 18 17 16 15

Unter Mitarbeit von Christian Wieselmayer
Lektorat: Martina Schneider
Grafik: Tanja Kühnel
Satz: Andreas Aigner
Karten: Arge-Kartografie
Druck: Druckerei Theiss, St. Stefan im Lavanttal
Gedruckt in Österreich

ISBN 978-3-7025-0643-8

www.pustet.at

Bildnachweis

TVB Krimml: 25, 41, 43; Urlaubs-Arena Wildkogel, Neukirchen & Bramberg: 29, 31; Mittersill
Plus GmbH: 56; Kitzsteinhorn Gletscherbahnen Kaprun AG: 74, 102, 103, 118; Nationalpark
Hohe Tauern Salzburg/F. Rieder: 76, 122, 129; Archiv Salzburgerhof: 78, 79, 100, 101; Zell am
See-Kaprun: 84, 85, 88; TVB Maria Alm: 83, 92; TVB Maishofen: 97; KH & CH Sperner: 116;
Nationalpark Hohe Tauern Kärnten: 120; Nationalpark Hohe Tauern Kärnten: 120; National-
park Hohe Tauern/F. Rieder: 122; Fotoarchiv TVB Rauris/Bryan Reinhart: 127, 131; David
Sailer IMAGES: 133, 135; Naturpark Weißbach: 136, 137, 144, 146, 166, 167; Heinz Holzapfel:
151; Toni Hasenauer: 153, 158; Matthias Fredrikkson: 162; Saalfelden Leogang Touristik
GmbH: 166, 167; Toni Anzenberger: 180; TVB Salzburger Saalachtal: 188, 189; lutzbauer.at:
190; Anita Buchart: 196, 197; Alle weiteren Fotos stammen aus dem Privatbesitz des Autors.

Inhaltsverzeichnis

| I | **Vorwort** | 9 |

II Worauf zu achten ist — 11

III Unweit der Arktis — 12
Den Pinzgau erleben und entdecken

IV Bei den oberen Dreitausend — 19
Zwischen Birnlücke und Wasenmoos

1 Unterwegs im Krimmler Achental — 22
Zwischen Wasserfall und Gletscher

2 An den Krimmler Wasserfällen — 25
Tosender Gesundbrunnen

3 Hinauf zum Salzachjoch — 27
Wo die Salzach entspringt

4 Neukirchen am Großvenediger erkunden — 29
Das Dorf unterm Wildkogel

5 Vom Untersulzbachfall zur Knappenwand — 31
Heimat des Epidot

6 Vom Museum zum Smaragdweg — 33
Wo der „Habachtaler" leuchtet

7 Über die Larmkogelscharte — 36
Mit dem Großvenediger auf Du und Du

8 Unterwegs im Wasenmoos — 39
Stark wie ihre Feinde ist die Natur

🔍 **Tauern Spa** – Zur Heilkraft der Krimmler Wasserfälle — 41

V Hochspannung im Park — 47
Zwischen Felber Tauern und Mooserboden

9 Der alte Weg über den Felber Tauern — 50
Unterwegs wie die Säumer

10 Schloss Mittersill als Wächter — 53
In der jüngsten Stadt des Landes

11 Von der Bürglalm auf den Geißstein — 56
Der höchste Grasberg Europas

12 Dorfspaziergang durch Stuhlfelden 58
Mit Pfeil und Bogen ins Schwefelbad

13 Keltendorf Steinerbichl 61
Auf den Spuren prähistorischer Siedler

14 Wiegenwald im Stubachtal 64
Hochmoor, Zirben und Hirschlacke

15 Von Niedernsill nach Piesendorf 67
Zwischen Norikern und gotischen Fresken

16 Sigmund-Thun-Klamm Kaprun 69
Gletschermilch für den Hausgebrauch

17 Auf den Mooserboden hinauf 71
Inmitten von elf Dreitausendern

18 Vom Maiskogel auf das Kitzsteinhorn 74
Wo sich im Winter die Skifahrer tummeln

Nationalpark Hohe Tauern – Adlerflug und Mankeipfiff 76

VI Der ganze See ist Bühne 81
Rundum im Zeller Becken

19 Kulturspaziergang durch Zell am See 84
Alte Türme, enge Gassen

20 Schmittenhöhe 88
Almwanderung auf der Schmitten

21 Jagasteig auf der Areit 90
Wenn die Kinder die Eltern mitnehmen

22 Ranggeln auf dem Hundstein 92
Sieger ist der „Hogmoar"

23 Mit dem Fahrrad um den Zeller See 94
Vier Gebirge und ein Schloss

24 Anton-Faistauer-Weg in Maishofen 97
Einem Künstlerleben auf der Spur

Zell am See und die Hotelierfamilie Holleis – 100
Dem Gast verpflichtet

VII Vergoldete Natur 105
Im Unterpinzgau

25 Das Bad in der Fusch 110
Verwunschener Wunderort

26 **Den Walcherbach entlang** 113
Schlangen im Schnee

27 **Vom Hochmais ins Käfertal** 116
Naturidylle an der Glocknerstraße

28 **Über die Gleiwitzer Hütte
vom Fuscher Tal nach Kaprun** 118
Logenplatz auf dem Imbachhorn

29 **Rund um die Pasterze** 120
Dem Verschwinden auf der Spur

30 **Durch die Kitzlochklamm nach Embach** 122
Kraft und Magie des Wassers

31 **St. Georgen, Embach, Eschenau** 124
Kirchen über dem Tal

32 **Von Kolm Saigurn nach Bucheben** 127
Durch das Hüttwinkltal

33 **Im Krumltal** 129
Bei den Königen der Lüfte

34 **Mit dem Rad ins Seidlwinkltal** 131
Im Sattel über alte Römer- und Pilgerwege

🔍 **Rauriser Literaturtage** – Vom Schürfen nach Sprache **133**

VIII **Ein Meer aus Kalk** 139
Vom Saalachjoch zu den Steinbergen

35 **Zur Einsiedelei auf dem Palfen** 142
Rastplatz für die Seele

36 **Von Maria Alm nach Weißbach** 144
Wo der Stein den Ton angibt

37 **Mit dem Dorfj@t auf den Natrun** 147
Maria Almer Haus- und Erlebnisberg

38 **Triefen** 149
Ein Vorhang aus Wasser

39 **Von Dienten auf den Klingspitz** 151
Im Osten der Grasberge

40 **Sonnenaufgang auf dem Tristkogel** 153
Das frühe Aufstehen lohnt sich

41 **Hochseilpark Hinterglemm** 156
Abenteuerspielplatz im Talschluss

42 **Auf den Reiterkogel** 158
Die Sonnseite der Grasberge

43 **In Hütten bei Leogang** 160
Von der gotischen Madonna zum Schaustollen

44 **Unterwegs in der Bikeworld Leogang** 162
Radfahren als Herausforderung

45 **Hinauf zum Birnbachloch** 164
Munter sprudelt die Quelle

Jazzfestival Saalfelden – 166
Wenn der Blues durch den Pinzgau weht

IX **Große Öfen, wilde Klammen** 171
Wasserspiele an der Saalach

46 **Auf die Almen im Naturpark Weißbach** 174
Auch der Käse ist bayerisch-österreichisch

47 **Landschaftserlebnisweg Seisenbergklamm** 176
Wo das Wasser Muskeln zeigt

48 **Mit dem Rad um den Gerhardstein** 178
Schauen, staunen, strampeln

49 **Maria Kirchental** 180
Wanderung zum „Pinzgauer Dom"

50 **Vorderkaserklamm und Lamprechtshöhle** 183
Faszination aus Wasser und Stein

51 **Von Scheffsnoth über die Mayrbergklamm nach Au** 185
Im „Hinterland" der Saalach

52 **Mit dem Mountainbike auf die Loferer Alm** 188
Zwischen Mozart und Thetys

53 **Kräuterwanderung zum Lutzbauern** 190
Über den Kalvarienberg auf den Sonnberg

54 **Kulturspaziergang durch Unken** 192
Auf alten Wegen eines Kurortes

55 **Vom Heutal auf das Sonntagshorn** 194
Grenzberg zwischen dem Pinzgau und Bayern

Kräuterlatein – Altes Heilwissen als UNESCO-Kulturerbe 196

X **Abschnitte der Weitwander-,**
Pilger- und Radwege im Pinzgau 198

XI **Register und Abkürzungsverzeichnis** 204

Es sind die Superlative, die das Gesicht des Pinzgaus prägen, den größten der drei Bezirke „Innergebirg". Die Krimmler Wasserfälle gelten als die höchsten Mitteleuropas und
der Großvenediger ist der höchste Berg des Landes. Selbst
wenn sich Kärnten und Osttirol den Großglockner teilen, der
Kilometerstein „0" der weltberühmten Straße steht in Bruck.
Auf der gegenüberliegenden Seite des Salzachtales ruht der
Geißstein mit dem Attribut, der höchste Grasberg Europas zu
sein. Gut 50 Kilometer saalachabwärts präsentiert sich mit der
Lamprechtshöhle in den Leoganger Steinbergen eine völlig
andere Welt, ein gigantisches Labyrinth von Höhlen, Kam-
mern, Gängen und unterirdischen Seen, wobei in der größten
Höhle der Höhenunterschied zwischen dem oberen Einstieg
und dem unteren Ausstieg 1600 Meter beträgt.

Weil Superlative allein die Welt nicht ausmachen, gibt es Ver-
gleichbares, das die Größe hat, sich übertrumpfen zu lassen.
Landschaftlich gesehen, macht dieses Vergleichbare den be-
sonderen Reiz des Pinzgaus aus. Ganz gleich, ob es den Ober-,
Unter- oder Mitterpinzgau betrifft oder die Bezirkshauptstadt
Zell am See, die es sich leistet, gleich von vier Gebirgszügen

umgeben zu sein und sich als Draufgabe auch noch im See spiegeln kann. Dazwischen gibt es landschaftliche Kleinodien in den Tauerntälern, den Kitzbüheler und Dientner Grasbergen und in den bizarren Karstlandschaften der Kalkalpen. Dazu gehören Hochmoore, glasklare und klirrend kalte Bergseen, Almlandschaften, die schöner sind als alle Klischees, und vor allem Plätze mit Ausblicken, die einem den Atem rauben. Man gewinnt einen Einblick in die landschaftliche Wucht dieser Gegend, welche durch den Nationalpark Hohe Tauern und den Naturpark Weißbach in besonderer Weise geschützt wird.

Wie andere Gebirgsregionen hat auch der Pinzgau in den vergangenen 50 Jahren eine enorme Veränderung verkraften müssen. Die Landschaft hatte einer stellenweise massiven Verbauung zu trotzen und die Menschen den Wandel von der bäuerlichen zur Dienstleistungsgesellschaft zu stemmen. Beide Herausforderungen wurden angenommen und sind deshalb geglückt, weil das Eigenständige und Charakteristische bis auf wenige Schrammen und Kratzer erhalten geblieben ist.

Die 55 beschriebenen Touren, Ausflüge und Wanderungen sind als hilfreiche Wegweiser gedacht, um den Pinzgau mit all seinen prominenten und versteckten Naturschönheiten und kulturhistorischen Schätzen besser kennenzulernen oder neu zu entdecken. Dafür wurde der Bezirk in sechs Regionen eingeteilt: der westliche Oberpinzgau vom Krimmler Achental bis zum Pass Thurn, der östliche vom Felber Tauern bis zum Mooserboden, das Zeller Becken, der Unterpinzgau zwischen Kaprun und Rauris, das obere Saalachtal vom Ursprung bis Saalfelden und das untere bis Unken. Für jede dieser Regionen finden sich Vorschläge zu Tageswanderungen und Halbtagesausflügen – zu Fuß oder mit dem Fahrrad – sowie Zweitagestouren, die mit Übernachtung auf einer Hütte verbunden sind.

Ergänzend dazu gibt es am Ende des Wanderführers eine Beschreibung der durch den Pinzgau führenden großen Wander-, Pilger- und Radwege.

Wer im Pinzgau wandert, geht in den allermeisten Fällen in die Berge, und wer in die Berge geht, muss wissen, dass der Berg erst dann als bezwungen gilt, wenn man wieder gesund und wohlbehalten im Tal angekommen ist. Deshalb ist es wichtig, dass Zeit und Energie gut eingeteilt werden. Warnungen und Ratschläge Einheimischer, insbesondere der Hüttenwirte, sind nicht Besserwisserei, sondern können lebensrettend sein.

Wanderer wissen, welche Kapriolen das Wetter – speziell in den Bergen – schlagen kann. Wetterumschwünge sind oft da, ehe man sie wahrnimmt. Bergtaugliche Schuhe und Kleidung verstehen sich von selbst, aber auch für Regen, Schnee und Kälte ist vorzusorgen. Um auf alle Eventualitäten eingestellt zu sein, braucht man ausreichend Getränke, und auch eine Jause darf im Rucksack nicht fehlen. Sie kann Wunder wirken.

Bei Ausflügen mit Kindern muss man noch besser planen und darf nichts dem Zufall überlassen. Man sollte über die Gegend halbwegs informiert sein, um auf bohrende Fragen schnell die passende Antwort geben zu können. Aber darüber sind sich Eltern und erfahrene Erwachsene meist ohnedies im Klaren.

Wer im Nationalpark Hohe Tauern und im Naturpark Weißbach unterwegs ist, hat sich strikt an die ausgewiesenen Fahrverbote zu halten. Ersatzweise stehen Nationalpark-Taxis und Wanderbusse zur Verfügung. Alpine Gebiete sind sensible Landschaften und leiden unter dem stark angewachsenen Individualverkehr, darum sollte man, wo dies möglich ist, auf öffentliche Verkehrsmittel zurückgreifen. Nicht nur im Nationalpark, sondern generell gilt: Bleiben Sie auf den bezeichneten Wegen und befolgen Sie die Vorschriften. Diese betreffen meist den Schutz der Pflanzen und Tiere!

Den Pinzgau erleben und entdecken

Von Zell am See bis zum Nordkap sind es knapp 5000 Kilometer Luftlinie – dazwischen liegen vier Länder und drei Vegetationszonen. Zwischen Zell am See und dem Tauernhauptkamm liegen auch drei Vegetationszonen, aber nur knappe 30 Kilometer. Auf der Großglockner Hochalpenstraße dauert diese Reise nur wenige Stunden. Wer sich zu Fuß auf den Weg macht und durch eines der Tauerntäler bis zu den Dreitausendern wandert, braucht dafür keinen ganzen Tag. Alles in allem hat der Pinzgau in den Hohen Tauern ein paar Dutzend Dreitausender anzubieten, die von den ebenso stolzen Zweitausendern in den Salzburger und Tiroler Schieferalpen und in den Nördlichen Kalkalpen flankiert werden: eine Alpensymphonie, in der es donnert, scheppert und kracht. Wobei das immer nur die eine Hälfte der Pinzgauer Welt beschreibt. Es gibt auch eine andere, die sanft, mitunter sogar leichtfüßig, daherkommt. Sie findet sich vornehmlich im Zeller Becken und an den beiden Hauptflüssen, der Salzach und Saalach, die sich das Land fast geschwisterlich aufteilen, bis die eine die andere in sich aufnimmt.

Der Pinzgau ist mit 2640 Quadratkilometern der größte Bezirk des Salzburger Landes und flächenmäßig der drittgrößte Österreichs. Er grenzt im Westen an Tirol, im Norden und Nord-

osten an den bayerischen Landkreis Berchtesgadener Land und im Osten an den Pongau. Im Süden schließt der Pinzgau an Kärnten, Osttirol und auf einer kurzen Strecke an Südtirol, und damit an Italien, an. Der Bezirk Zell am See, wie er politisch heißt, teilt sich in Ober-, Mitter- und Unterpinzgau. Der Oberpinzgau erstreckt sich vom Krimmler Achental und dem Gerlostal im Westen bis zur Gemeindegrenze zwischen Niedernsill und Piesendorf. Daran schließt sich der Unterpinzgau an, dessen Grenze zum Pongau nördlich der Salzach durch den Dientner Graben und südlich durch den Kamm zwischen Rauriser und Gasteiner Tal definiert ist. Während Ober- und Unterpinzgau durch das Salzachtal bestimmt werden, wird der Mitterpinzgau, der sich von Zell am See in nördlicher Richtung bis zur bayerischen Grenze bei Unken erstreckt, von der Saalach definiert.

Es liegt an der Topografie, warum sich an den Grenzverläufen seit vielen Jahrhunderten kaum etwas geändert hat. Die ab 923 n. Chr. erstmals urkundlich erwähnten Grafschaften Ober-, Unter- und Mitterpinzgau gehörten zum Herzogtum Bayern. 1328 wurde der Pinzgau Teil des Fürsterzbistums Salzburg und blieb es bis 1803. Nach einigem Hin und Her während der Napoleonischen Kriege kam der Pinzgau 1816 schließlich mit Salzburg zu Österreich. Nachdem Salzburg 1848 ein eigenes Kronland geworden war und in Österreich politische

Gemeinden und Bezirkshauptmannschaften geschaffen wurden, war Saalfelden für vier Jahre das Verwaltungszentrum. Seit 1854 ist jedoch Zell am See die Bezirkshauptstadt. Mit Saalfelden und Mittersill gibt es zwei weitere Städte. Von den insgesamt 28 Gemeinden des Bezirks sind vier mit den Privilegien eines Marktes ausgestattet, es handelt sich dabei um Rauris, Taxenbach, Lofer und Neukirchen am Großvenediger.

Pinzgauer sind weltweit im Einsatz. Allen voran der Unimog der Marke „Pinzgauer", der zivil und militärisch jeweils dort eingesetzt wird, wo das Gelände schwierig ist. Pinzgauer sind aber auch eine Rinderrasse, die nicht nur wegen ihres schönen, größtenteils kastanienbraunen Fells geschätzt wird, sondern vor allem wegen der gemischten Nutzung als Milch- und Fleischlieferant. Vor der Motorisierung wurde das Pinzgauer Rind auch als Zugtier eingespannt. Die Pferderasse der Noriker wird gelegentlich ebenso als „Pinzgauer" bezeichnet, jedenfalls werden sie auch heute noch hauptsächlich hier gezüchtet. Vergleichbar dem Pinzgauer Rind steht auch die Pinzgauer Ziege als „Dreinutzungsrasse" wieder hoch im Kurs. Die autochthone Hochgebirgsziege eignet sich hervorragend zur Landschaftspflege und Käseproduktion und ist darüber hinaus ein wertvoller Fleischlieferant. Die Landwirtschaft im Pinzgau findet, von wenigen Ausnahmen abgesehen auf mehr oder weniger steilen Hängen statt. Da sie bis auf die goldenen Zeiten des Bergbaus die einzige Einnahmequelle in der Region war, haben sich Mensch und Tier im Laufe der Zeit den harten Bedingungen angepasst – die Tiere dem Gelände und die Menschen den geringen Erträgen aus den kargen Böden. Der Existenzkampf führte zu einem harten Regime auf den Höfen. Dienstboten – Mägde, Knechte und Tagelöhner – standen zur Gänze unter der Autorität des Dienstherren, dem bis in die 1920er-Jahre noch das Züchtigungsrecht zustand.

Wer mit offenen Augen durch den Pinzgau fährt, wird feststellen, dass die Bauernhöfe neben stattlichen Wirtshäusern das Landschaftsbild nach wie vor am stärksten prägen. Vor allem im Oberpinzgau und in einigen Tälern sind zudem auch der Heustadel und der typische Pinzgauer Zaun – ein Holzzaun, der nur gesteckt und gelegt wird und völlig ohne Nägel auskommt – charakteristisch für die alpine Kulturlandschaft. Darüber hinaus sind an markanten Plätzen Reste von Burgruinen zu sehen. Dazu gesellen sich vereinzelt Schlösser, die in ihrer Architektur einem bestimmten Muster, dem des sogenannten Salzburger Ansitzes, folgen. Diese Anwesen haben sich die Gewerken in der Hochblüte des Bergbaus errichten lassen. Sie gingen dann zumeist in den Besitz der regierenden Fürsterzbischöfe über. Der einst so wichtige und gewinnbringende Bergbau hat bis auf wenige Schaubergwerke kaum Spuren hinterlassen, sodass weitgehend unbekannt ist, dass das Land Salzburg und mit ihm der Pinzgau bis ins frühe 19. Jahrhundert zu den erzreichsten Gegenden der österreichisch-ungarischen Monarchie zählte.

Heute lebt der Pinzgau zum überwiegenden Teil vom Tourismus, wobei das Wintergeschäft mehr bringt als das im Sommer. Aber wer den Pinzgau richtig kennenlernen will, besucht ihn im Sommer, radelt an Salzach und Saalach entlang, wandert auf die Almen, erfreut sich zu Beginn des Sommers an der Pracht von Enzian, Almrausch, Kohlröschen und Edelweiß, genießt den einen oder anderen Gipfelsieg und hört den Einheimischen beim „Hoagaschten" – also beim Tratschen – zu. Weil sich auch im Pinzgau seit einiger Zeit das Motto „Klasse statt Masse" durchsetzt, kommt der Besucher zu unerwarteten und höchst erfreulichen kulinarischen Genüssen, wenn er mit halbwegs offenen Sinnen unterwegs ist und generell einen guten Riecher für das hat, was in Wirtshausküchen zubereitet und auf Bauernhöfen produziert wird. Wer Beeren und Früchte schätzt, weiß, wie gut und gesund Preiselbeeren sind. „Granggen", wie sie im Pinzgau heißen, künden vom Ende des Sommers, denn wenn sie sich rot färben, zieht er sich zurück. In diesem Fall nehmen wir das aber nicht übel, denn wirklich gut sind die Preiselbeeren erst, wenn sie den ersten Schnee geschmeckt haben.

Bei den oberen Dreitausend

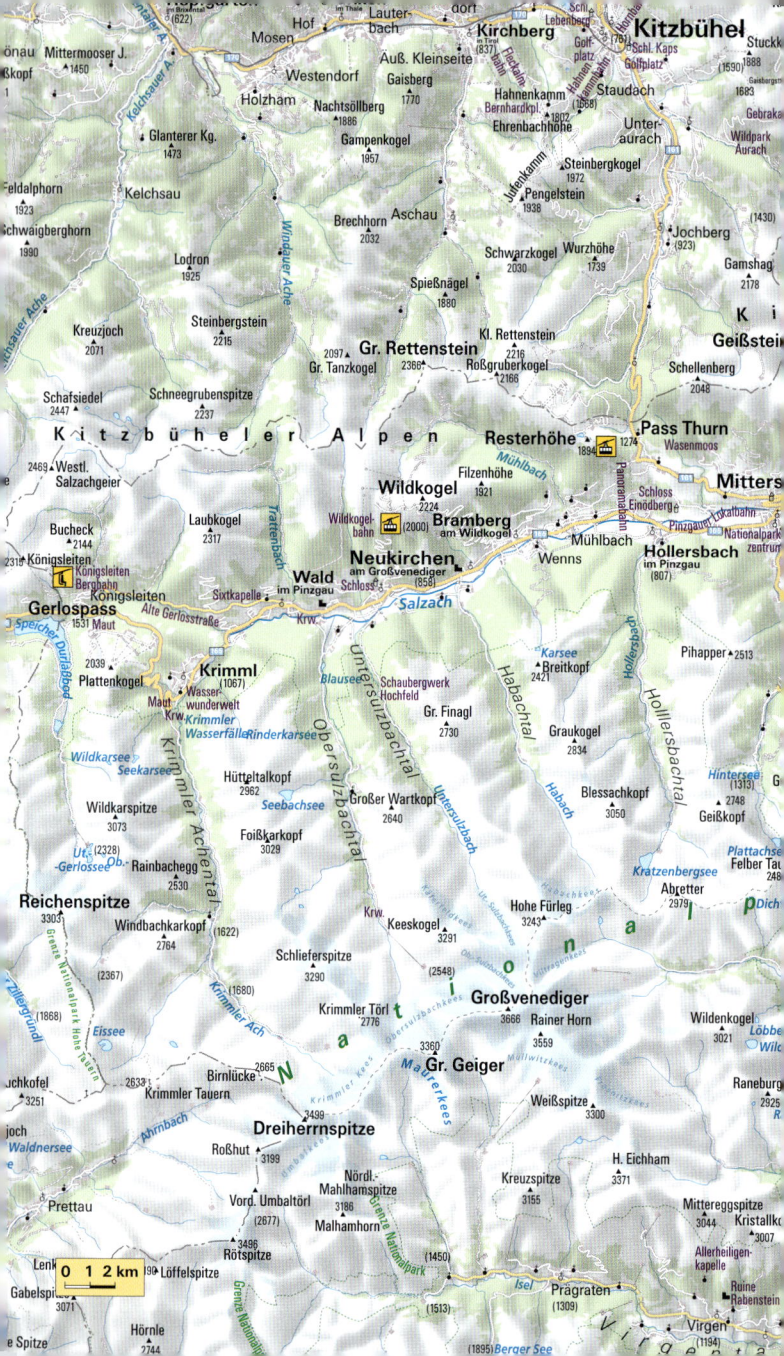

Zwischen Birnlücke und Wasenmoos

Unvorstellbare 180 Millionen Kubikmeter Wasser stürzen pro Jahr über die dreistufigen Katarakte der Krimmler Achenfälle insgesamt 380 Meter in die Tiefe. Imposanter könnte ein Tal kaum enden. Dabei ist das Salzachtal auf seiner gesamten Länge von 225 Kilometern an sich schon eine Hochleistungsstrecke der Naturschauspiele. Allein auf der Strecke zwischen Krimml und Mittersill, die kaum mehr als 25 Kilometer beträgt, liegen mit den beiden Sulzbachtälern sowie dem Habach- und Hollersbach neben dem Krimmler Achental vier weitere Tauerntäler, wovon jedes ein Naturerlebnis der besonderen Art darstellt. Der Tauernhauptkamm an der Südseite des Tales wird durch die Venedigergruppe geprägt, die an ihrer Westgrenze gleichzeitig die Grenze des Nationalparks Hohe Tauern ist. Dort ragt der Großvenediger mit 3666 Metern als höchster Berg des Landes heraus. Die Nordseite des Talabschnittes prägen die Pinzgauer Grasberge, die zu den Kitzbüheler Alpen zählen, mit dem Salzachgeier im Westen und dem Pass Thurn im Osten, über den eine seit der Römerzeit wichtige Nord-Süd-Verbindung führt. Dazwischen liegt der Wildkogel mit 2225 Metern. Unterhalb des Salzachgeiers entspringt auf etwa 2200 Meter die Salzach, die den Pinzgau von der Quelle bis Lend auf einer Strecke von knapp 85 Kilometern durchfließt.

Die Krimmler Wasserfälle ziehen die Menschen bereits seit mehr als zwei Jahrhunderten an. Heute zählen sie mit jährlich 400.000 Besuchern zu den meist besuchten Sehenswürdigkeiten Österreichs. Über den durch das Krimmler Achental führenden Saumweg wurden schon vor mehr als 2000 Jahren Salz in den Süden und Wein in den Norden transportiert. Den Weg an den Wasserfällen legte man in den 1870er-Jahren an. Die

Krimmler Wasserfälle stehen im Zentrum gesundheitsfördernder und präventiver Maßnahmen im Zusammenhang mit Allergien und Krankheiten wie Asthma. Auf den Spaziergängen durch den Ort Krimml lernt der Besucher einen der wichtigsten Söhne des Dorfes kennen: Anton Wallner, den Salzburger Freiheitskämpfer und Weggefährten von Andreas Hofer, der 1756 auf dem Hinterlehengut geboren wurde und 1810 im Wiener Allgemeinen Krankenhaus verstarb. Zum 200-Jahr-Jubiläum der Kämpfe wurden 2009 Skulpturen zum Thema Frieden und Freiheit geschaffen, die auf dem Anton Wallner gewidmeten Rundweg aufgestellt sind.

Wald im Pinzgau ist neben Stuhlfelden die einzige Gemeinde des Oberpinzgaus, deren Gebiet sich hauptsächlich vom nördlichen Salzachufer bis zur Tiroler Grenze ausbreitet. Diese verläuft vom Pass Thurn bis zum Salzachgeier über die Grasberge. Verkehrstechnisch hat Wald insofern Bedeutung erlangt, als die Alte Gerlosstraße über lange Zeit eine wichtige Verbindung nach Tirol über den Gerlospass – auch Pinzgauer Höhe genannt – ins Zillertal herstellte. Strategisch von besonderer Bedeutung war die Straße deshalb, weil sie den einzigen Zugang ins Zillertal von der Salzburger Seite darstellte. Historisch kurios am Zillertal ist, dass es seit 739 n. Chr. zwischen Tirol und Salzburg aufgeteilt war. Beim genauen Hinschauen ist diese Grenzziehung auch heute noch erkennbar, und zwar an der Farbe der Kirchtürme. Auf der Salzburger Seite sind sie grün, weil sie mit Kupfer gedeckt sind, auf der Tiroler Seite rot, weil es sich um Ziegeldächer handelt. Das seinerzeit vermögende Fürsterzbistum konnte sich Kupferdächer leisten, während sich das Bistum Brixen mit Ziegeln begnügen musste.

Über die 1631 errichtete Straße wurde das Edelmetall zu den leistungsfähigen Schmelzen nach Mühlbach im Pinzgau und Lend gebracht. Mit dem Bau der von Krimml auf die Gerlos führenden Pass-Straße in den 1960er-Jahren – wie die Glocknerstraße von Franz Wallack geplant – wurde die immer wieder von Lawinen und Muren zerstörte alte Straße ersetzt.

Durch das Obersulzbachtal kommen all jene, die sich von der Salzburger Seite her auf den Weg zum Großvenediger machen. Wer sich den Fußweg durch das Tal erspart, nimmt ein Nationalpark-Taxi, übergibt das Gepäck der Materialseilbahn und steigt in knapp eineinhalb Stunden den Weg zur Kürsingerhütte hinauf. Sie ist nach Ignaz Kürsinger (1795–1861), dem Leiter des Pfleggerichts Mittersill benannt. Obwohl er sehr viel für den Oberpinzgau getan hat, wird mit seinem Namen doch vor allem die Erstbesteigung des Großvenedigers 1841, der „weltalten Majestät", wie er den höchsten Dreitausender des Landes ehrfurchtsvoll nannte, in Zusammenhang gebracht. Er griff ordnend in das Unterrichtswesen ein, initiierte die Restaurierung zahlreicher Kirchen, Schulen und Pfarrgebäude und er trieb die Regulierung der Salzach und die damit verbundene Trockenlegung der Talsohle voran.

Salzachabwärts und sechs Kilometer östlich von Neukirchen liegt die Gemeinde Bramberg, die neben Stuhlfelden als ältester Pfarrort des Oberpinzgaus gilt. Wie an vielen anderen Orten wurde auch hier Kupfer abgebaut, was auf eine ausgesprochen frühe und kontinuierliche Besiedlung schließen lässt. Im südlich des Ortes gelegenen Habachtal befindet sich die einzige maßgebliche Smaragdfundstelle Europas. Wo Smaragde zu finden sind, werden Steinsucher auch sonst fündig. So ist das Habachtal und seine Umgebung zur Pinzgauer Pilgerstätte von Schatzsuchern, Steinklopfern und Mineralogen geworden. Schuld an diesem Boom, dem der Ort ein Mineralienmuseum mit außergewöhnlichen Exponaten verdankt, ist die besondere Gesteinsstruktur im Habachtal.

Parallel dazu liegt das Hollersbachtal, das mit dem Aufstieg über den Kratzenbergsee zur Larmkogelscharte auf 2934 Meter einen Übergang zwischen den beiden Tälern bietet, der vom Panorama her phänomenal und vom Schwierigkeitsgrad her trotzdem durchaus familienfreundlich ist. Für durchschnittliche Bergwanderer ist das ein idealer Weg, um halbwegs „leichten Fußes" auf einen Dreitausender zu gelangen.

1

Unterwegs im Krimmler Achental

Zwischen Wasserfall und Gletscher

- ■ **Tourcharakter:** Tagestour mit dem E-Bike oder Mountainbike 🚲
- ■ **Ausgangs- und Endpunkt:** Krimml, Tankstelle (südwestliches Ortsende)
- ■ **Weglänge:** 42 km
- ■ **Gesamtdauer:** 5 h
- ■ **Höhenunterschied:** 750 hm
- ■ **Besonderheit:** Alter Saumweg nach Italien

Das Krimmler Achental beginnt bei den Wasserfällen in Krimml und endet am Krimmler Kees unterhalb der 3499 Meter hohen Dreiherrnspitze. Es bildet die Grenze zwischen den Zillertaler Alpen im Westen und der zu den Hohen Tauern gehörenden Venedigergruppe im Osten. Hinweise auf einen Weg durch das Tal und über den Alpenhauptkamm gibt es schon für die Zeit vor den Römern, was nicht zuletzt auf den regen Bergbau im Zillertal zurückzuführen sein dürfte. In das Ahrntal, das in Südtirol liegt, führen zwei Übergänge: der eine über die Birnlücke – „Birnluckn", wie die Einheimischen sagen – der andere über den Krimmler Tauern. Die beiden Übergänge liegen auf 2665 beziehungsweise auf 2634 Meter und werden nur durch den 2911 Meter hohen Glockenkarkopf getrennt.

Unser Ziel auf der Tagestour durch das Krimmler Achental ist das Innerkees auf 1810 Meter. Wir starten bei der Tankstelle am südwestlichen Ortsende von Krimml, weil eine Tour mit dem E-Bike besonders lohnend erscheint und es dort einen Verleih der Räder gibt. Nach einer kurzen Instruktion und dem Einsetzen des Akkus passieren wir die Mautstelle und fahren etwa zwei Kilometer auf der Gerlospass-Bundesstraße, bis wir linker Hand zur Abzweigung „Krimmler Tauerntal" kommen. Von dort geht es heftig zur Sache, aber mit dem E-Bike bringen uns selbst Steigungen bis zu 14 Prozent kaum ins Schwitzen. Nach sechs Kilometern sind wir dennoch froh, oben zu sein. „Oben" heißt in dem Fall, den Sockel des Tales erreicht zu haben, von dem aus der Weg milde ansteigend bis zum Talende beim Innerkees führt.

Während wir mit Blick auf die Krimmler Ache und die vor uns liegenden Dreitausender an mehreren Almen vorbeiradeln, beginnen wir ganz wie von selbst an die große Geschichte dieses Saumweges zu denken und bleiben bei zwei Großereignissen hängen, die unterschiedlicher nicht sein könnten. 1365 zog Karl IV., Kaiser des Heiligen Römischen Reiches deutscher Nation, auf dieser Route in den Süden, um sich danach in Arles zum König von Burgund wählen zu lassen. Knapp 600 Jahre später wählte ein ganz anderer Tross unter völlig anderen Vorzeichen den Weg über den Krimmler Tauern in den Süden. Als es für jüdische KZ-Überlebende und andere „unerwünschte Personen", die in der US-amerikanischen Besatzungszone als „DP" („displaced persons") abgestempelt waren, immer schwieriger wurde, über die französische Zone durch Tirol nach Italien auszureisen, besann man sich auf den Krimmler Saumweg. So gelangten im Sommer 1947 geschätzte 5000 Menschen in Gruppen zu je 60 bis 250 Menschen über den Krimmler Tauern nach Italien und weiter nach Palästina – nach „Eretz Israel". Ermöglicht wurden die Transporte durch ein wissendes Zur-Seite-Schauen der Verantwortlichen auf Bundes- und Landesebene.

Mittlerweile sind wir beim Krimmler Tauernhaus und damit auf einer Höhe von 1631 Metern angekommen. In der historischen Stube lassen wir uns den hausgemachten Käse schmecken. Die legendäre Wirtin Liesl Geisler-Scharfetter hatte damals für die Flüchtenden gleichermaßen ein großes Herz wie große Töpfe mit stärkendem Essen und wurde dafür auch geehrt. 2007, anlässlich des 60-Jahre-Jubiläums des Flüchtlingszuges über die Alpen, wurde das Projekt „Alpine Peace Crossing" ins Leben gerufen, das den Krimmler Friedensdialog und einen Erinnerungsmarsch über den Tauern umfasst, der seither jährlich stattfindet.

Vorbei an der Außerunlassalm, nach der sich der Weg zum Krimmler Tauern und zur Birnlücke gabelt, halten wir uns links und kommen bis zur Innerkeesalm noch an drei weiteren Almen vorbei. Von dort führt der Weg weiter zur Birnlücke beziehungsweise zur Warnsdorfer Hütte. Die Rückfahrt ist nicht minder spannend und in gut einer Stunde erledigt. Wieder zurück auf der Gerlospass-Bundesstraße ist die Versuchung groß, das Rad auf seine Höchstgeschwindigkeit hin zu testen. Aus Sicherheitsgründen sollte man der Versuchung jedoch tapfer widerstehen.

Das Krimmler Tauernhaus, der bekannte Alpengasthof auf 1631 m, schaut auf eine über 600-jährige Geschichte zurück, entsprechend gemütlich sitzt es sich in den alten Stuben. Gekocht wird mit Produkten aus der eigenen Landwirtschaft und Käserei. Besonders beliebt sind die angebotenen Rindfleisch-Spezialitäten. Übernachtungsmöglichkeit. Täglich geöffnet.

Krimmler Tauernhaus, 5743 Krimml, Tel. 0664/261 21 74, Taxidienst ins Krimmler Achental, info@krimmler-tauernhaus.at, www.krimmler-tauernhaus.at

2

An den Krimmler Wasserfällen

Tosender Gesundbrunnen

- ■ **Tourcharakter:** Halbtagestour mit Aufenthalt am Wasserfall
- ■ **Ausgangs- und Endpunkt:** Wasserwunderwelt, Parkplatz Krimmler Wasserfälle
- ■ **Weglänge:** 4 km
- ■ **Gesamtdauer:** 3,5 h mit Aufenthalten
- ■ **Höhenunterschied:** 400 hm
- ■ **Besonderheit:** Gesundheitswanderung

Bevor wir uns auf den Weg zum unteren Achenfall machen, besuchen wir das an der Zufahrt zur Gerlospass-Bundesstraße gelegene Haus des Wassers, in dem wir viel über die Physik des Grundelements Wassers im Allgemeinen und über die Krimmler Wasserfälle im Besonderen erfahren. Nach Verlassen des Hauses orientieren wir uns an dem Hinweis „Zu den Wasserfällen". Nach etwa zehn Minuten kommen wir auf dem gut befestigten Wasserfallweg des Oesterreichischen Alpenvereins zum unteren Achenfall, wo sich die gesundheitsfördernde Wirkung des feinen, mit Ionen angereicherten Sprühregens besonders deutlich bemerkbar macht. Mit dem Aufkommen des Wandertourismus in den letzten Jahrzehnten des 19. Jahrhunderts wurden auch die Krimmler Wasserfälle für Besucher erschlossen. 1879 war der vier Kilometer lange Weg den Katarakten entlang schließlich fertiggestellt. Mit der Eröffnung der Pinzgauer Lokalbahn 1898 setzte dann der Besucherstrom wirklich ein. Dass die Bahn nur bis Unterkrimml geführt wird, geht angeblich auf den Protest der Kutschenhalter zurück, die um ihr Geschäft bangten. Mindestens genauso stichhaltig ist aber das Argument, dass es damals aus topografischen und statischen Gründen nicht möglich war, die Bahn bis an die Wasserfälle heranzuführen. An der Beseitigung dieses infrastrukturellen Mangels wird bis heute gebastelt, ohne dass das bislang zu einem konkreten Ergebnis geführt hätte.

Das Wasser der weltweit fünfthöchsten Fälle sammelt sich im Einzugsgebiet der Krimmler Ache, das insgesamt 110 Quadratkilometer und 23 Gletscher umfasst. Von Mai bis August, die Zeit, in der die Gletscher schmelzen, beträgt die Wasserfracht an einem durchschnittlichen Tag zwischen 20 und 35 Kubikmeter pro Sekunde. Zum Vergleich: Ein Dreipersonenhaushalt verbraucht im Jahr durchschnittlich 175 Kubikmeter Wasser. Naturgemäß stürzt in der Zeit der Gletscherschmelze abends das meiste Wasser über die drei Katarakte, nachdem das mittägliche Schmelzwasser so etwas wie eine Flut erzeugt hat.

Wir stehen an einer der sieben Aussichtskanzeln, am „Jagasprung" unterhalb des Gasthofs Schönangerl, schauen staunend auf den unteren Fall und fragen uns, wie es der Wilderer der Legende nach geschafft hat, auf der Flucht vor dem Jäger über den Wasserfall zu springen. Ebenso wundern wir uns, dass die Krimmler Wasserfälle erst 1967 mit dem Europäischen Naturschutzdiplom ausgezeichnet wurden.

3

Hinauf zum Salzachjoch

Wo die Salzach entspringt

- **Tourcharakter:** Tagestour
- **Ausgangs- und Endpunkt:** Parkplatz 400 m nach dem Ronachwirt
- **Weglänge:** 11 km
- **Gesamtdauer:** 5 h
- **Höhenunterschied:** 550 hm
- **Besonderheit:** Panoramablick auf Hohe Tauern und Zillertaler Alpen

Wo entspringt die Salzach wirklich? In heutigen Karten liegt das Quellgebiet eindeutig unterhalb des Salzachgeiers im Gemeindegebiet von Wald im Pinzgau auf einer Höhe von etwa 2300 Metern. Auf älteren Karten ist der Ursprung der Salzach jedoch am Krimmler Kees unterhalb der 3499 Meter hohen Dreiherrnspitze, seit 1919 Grenzberg zwischen Österreich und Italien, eingetragen. Volkmar Zobl, ehemaliger Direktor der Volksschule Krimml und passionierter Heimatkundler, ist zufällig auf die „Verlegung" der Salzachquelle gestoßen und nimmt sich seitdem des Themas an. In einer Belehnungsurkunde aus dem Jahr 1228 sind die Grenzen des Pinzgaus festgelegt und als Salzach-Ursprung wird das Krimmler Achental beschrieben. Es war Franz Michael Vierthaler (1758–1827), der angesehene Salzburger Pädagoge, Lehrerbildner und Schriftsteller, der den Ursprung der Salzach um 1800 auf die andere Talseite, unterhalb des Salzachgeiers, verlegte. Der Bach, der heute als Salzach im Nordwesten des Salzachtals über den Südhang der

Kitzbüheler Alpen rauscht, hieß früher „Salza" oder auch „Salzabach", während von der Krimmler Ache immer nur als „Ache" gesprochen wurde. In der Regel mündet der Bach in die Ache und nicht umgekehrt. Der „Geografenirrtum" hält sich nun seit bereits gut zwei Jahrhunderten. Bis eine Korrektur tatsächlich durchgeführt wird, dürfte noch sehr viel Wasser die Salzach hinunterfließen. Augenzwinkernd ist hinzuzufügen, dass es sich ohnedies fast zu 100 Prozent um Wasser aus der Krimmler Ache handelt, denn das Wasser der vermeintlichen Salzach wird fast zur Gänze in den Stausee Durlaßboden abgeleitet, von wo es später durch Gerlos und Ziller in den Inn fließt.

Wir beginnen unsere Tour auf dem Parkplatz an der alten Gerlosstraße 400 Meter nach dem Gasthof Ronachwirt. Zuerst führt die Strecke über einen breiten Forstweg bis zur Jausenstation Salzachjoch auf 1690 Meter. Dort gilt es, den Blick nach Süden in die Hohen Tauern zu richten, wo die 3073 Meter hohe Wildkarspitze hervorsticht. Zum Gruppenbild reihen sich links die Dreitausender der Venedigergruppe und rechts der Gabler mit 3263 Meter und die Reichenspitze mit 3303 Meter in den Zillertaler Alpen. Danach halten wir uns an den Weg Nr. 702 und gehen sanft ansteigend über die Almböden bis zur Salzachalm, die auf 1795 Meter liegt. Hier ist wieder ein Rundumblick nötig: zum einen in die Hohen Tauern, zum anderen in die Zillertaler Alpen sowie auf Gerlosplatte mit dem Speicher Durlaßboden und die Gegend um das Skidorf Königsleiten.

Von der Salzachalm bis zum Salzachjoch, zur Landesgrenze zwischen Salzburg und Tirol, sind noch einmal knapp 200 Höhenmeter zu überwinden. Das kleine Markkirchl liegt, am Tiroler Adler unschwer zu erkennen, bereits auf der „drüberen" Seite. Auf dem Rückweg folgen wir zuerst der jungen Salzach, um dann über die Motland Grundalm und Salzachjochalm wieder zum Parkplatz zurückzukehren. Eine Erweiterung der Tour bestünde zum einen im Steig vom Salzachjoch zum Salzachgeier und zum anderen im Abstieg über das Nadernachtal, wofür es eines kleinen Korridors ins Tirolerische bedarf.

4

Neukirchen am Großvenediger erkunden

Das Dorf unterm Wildkogel

- **Tourcharakter:** Halbtagesausflug
- **Ausgangs- und Endpunkt:** Kammerlanderstall im Dorfzentrum
- **Weglänge:** 2 km
- **Gesamtdauer:** 3 h mit Besichtigungen
- **Höhenunterschied:** 100 hm
- **Besonderheit:** Ausgangspunkt für die Besteigung des Großvenedigers

Als der Nationalpark Hohe Tauern 1981 Realität wurde, stand im Zentrum der abstrakte Schutzgedanke der alpinen Welt in den Hohen Tauern. Bis dieser Gedanke auch Eingang in die Köpfe und Herzen der Einheimischen fand, sollte es noch ein paar Jahrzehnte dauern. Der Schwenk vom Nützen zum Schützen der Landschaft hat allen Beteiligten viel Überzeugungskraft abverlangt. Kulturlandschaften sind nicht ohne ihre Bewohner zu denken, die in enger Verbundenheit mit der Natur leben, sie landwirtschaftlich nutzen und pflegen. Damit halten sie Traditionen lebendig und schaffen eine wichtige Grundlage für das Leben zukünftiger Generationen auf dem Land abseits städtischer Ballungsräume. Um ein „richtiges" Leben auf dem Land, noch dazu im Umfeld eines Nationalparks, ringen viele Menschen. Und es wird ihnen tatsächlich ein großer Spagat abverlangt, wenn es darum geht, den Schutz der Natur, wirtschaftliche Notwendigkeiten zur

Existenzsicherung und behutsames Weiterentwickeln kultureller Traditionen unter einen Hut zu bringen. Wie diese Herausforderung gemeistert werden kann, darauf versucht der 1986 gegründete Verein Tauriska Antworten zu geben und beruft sich dabei auf die Philosophie von Leopold Kohr. Der in Oberndorf an der Salzach geborene Träger des Alternativen Nobelpreises hat das Prinzip des menschlichen Maßes ins Zentrum seiner Arbeit gestellt.

Wir beginnen unseren Spaziergang durch Neukirchen im 300 Jahre alten Kammerlanderstall, der Tauriska als Vereinsgebäude dient und in dem laufend Veranstaltungen und Ausstellungen zu regionalspezifischen Themen abgehalten werden. In unmittelbarer Nähe steht der Samerstall, dessen Ursprünge bis zum Anfang des 16. Jahrhunderts, als die Säumerei bedeutend wurde, zurückreichen. Bis zur Eröffnung des Nationalparkzentrums 2007 in Mittersill war im Samerstall das Zukunftskollegium des Nationalparks untergebracht.

Nach dem Besuch im Kammerlanderstall halten wir uns links und gehen in nördlicher Richtung leicht bergauf und am Schloss Hochneukirchen vorbei, das markant über dem Ort steht, der eigentlich Neukirchen am Wildkogel heißen sollte, denn dieser beliebte Skiberg dominiert Neukirchen unendlich viel mehr als der in den Hohen Tauern an der Grenze zu Osttirol stehende Großvenediger. Schloss Hochneukirchen geht in seiner heutigen Form auf das 16. Jahrhundert zurück und befindet sich im Besitz der Gemeinde. Nachdem es mehrere Jahrzehnte als Altenheim und Gemeindespital diente, steht es heute bis auf das Gemeindearchiv leer und ist für die Öffentlichkeit nicht zugänglich. Wir gehen noch ein Stück den Sonnberg hinauf, um danach umso weiter über das Tal schauen zu können. Hier stechen uns die Ruinen der Hieburg an einem Ausläufer der Pinzgauer Grasberge und der Friedburg auf der gegenüberliegenden Seite des Tales beim Eingang ins Obersulzbachtal, ins Auge. Sie weisen auf Herrensitze hin, deren Ursprünge im 11. Jahrhundert liegen.

Vom Untersulzbachfall zur Knappenwand

Heimat des Epidot

- ■ **Tourcharakter:** Halbtagestour
- ■ **Ausgangs- und Endpunkt:** Pinzgauer Lokalbahn, Haltestelle Sulzbachtäler
- ■ **Weglänge:** 6 km
- ■ **Gesamtdauer:** 3 h mit Besichtigungen
- ■ **Höhenunterschied:** 150 hm
- ■ **Besonderheit:** Ursprüngliches Tauerntal

Von den beiden Sulzbachtälern hat das obere die Trumpf-karte gezogen und das untere ist eine verborgene Schönheit geblieben. Freilich kommt man auch vom Untersulzbachtal auf den Großvenediger. Dazu geht man von der Finkalm über den Bettlersteig zur Berndl-Hochalm und dann durch das lang gezogene Obersulzbachtal weiter. Das enge, 12 Kilome-ter lange und bewaldete Trogtal, das vom 3471 Meter hohen Kleinvenediger „bewacht" wird, ist eines der am wenigsten er-schlossenen Täler in den Hohen Tauern. Eine versteckte Schön-heit eben, und noch dazu eine besonders geschützte, denn das Gebiet des Inneren Untersulzbachtals zwischen Breitfuß und Keeskogel beziehungsweise Hoher Fürleg stellt seit 1996 ein

Sonderschutzgebiet innerhalb des Nationalparks Hohe Tauern dar. Besonders schützenswert ist das Phänomen, dass sich hier sämtliche Entwicklungsstadien einzelner Pflanzengesellschaften – von der subalpinen Nadelwaldstufe bis zur nivalen Stufe (von 3000 Meter bis in die Gipfelbereiche) feststellen lassen.

Wer wenig Zeit hat und sich einen ersten Überblick über das Faszinosum Hohe Tauern verschaffen will, dem sei eine kurze Wanderung ins Untersulzbachtal empfohlen. Hier spielt sich die große Welt dieses Gebirges im Kleinen ab. Wir beginnen unsere Tour bei der Haltestelle „Sulzbachtäler" der Pinzgauer Lokalbahn. Bei der Station überqueren wir die Salzach, halten uns dann bei der Weggabelung links und gehen in südlicher Richtung am Gasthof Schütthof vorbei, bis wir auf den Rundweg beim Untersulzbachfall stoßen. Wir begehen den Rundweg im Uhrzeigersinn in südöstlicher Richtung, kommen über eine Brücke in den Wald, gehen über weitere Stege und Brücken und genießen dabei immer wieder eine beeindruckende Sicht auf den Wasserfall, der über eine 50 Meter hohe Felsstufe stürzt. Den Abschnitt des Rundweges zwischen „12 und 15 Uhr" wandern wir ein zweites Mal, wenden uns dann nach links und spazieren ein kurzes Stück auf dem Güterweg taleinwärts. Nach einem knappen halben Kilometer biegen wir auf den Knappenweg, der am Untersulzbach entlangführt, ein und gehen bis zum Schaubergwerk Hochfeld, wo ab der Mitte des 16. Jahrhunderts Kupfer abgebaut wurde. Dabei stoßen wir auf den Güterweg, auf dem wir unterhalb der Knappenwand wieder zurückkehren.

Auf dem Areal des heutigen Schaubergwerks wurde bereits Anfang des 16. Jahrhunderts Kupfer abgebaut. Nachdem die Ausbeute stetig geringer wurde, flammten dennoch immer wieder Versuche auf, hier nach Erz zu schürfen, das letzte Mal in den Jahren von 1946 bis 1954. Für Geologen, Mineraliensucher und Steinklopfer höchst interessant ist die Knappenwand, seit 1865 weltweit die bedeutendste Fundstelle von Epidoten, einem Mineral aus der Gruppe der Silikate.

Vom Museum zum Smaragdweg

Wo der „Habachtaler" leuchtet

- **Tourcharakter:** Leichte Tagestour mit Museumsbesuch
- **Ausgangs- und Endpunkt:** Museum Bramberg
- **Weglänge:** 12 km, wenn man für den Rückweg ein Nationalpark-Taxi nimmt
- **Gesamtdauer:** 5 h mit Besichtigungen
- **Höhenunterschied:** 250 hm
- **Besonderheit:** Lehrreicher Weg mit dramatischer Kulisse

Die Queen hat einen, zum ehemaligen Kronschatz der Habsburger gehört selbstverständlich auch einer, die Salzburger Dom-Monstranz strahlt damit und auf der Brustkette des Mattseer Stiftprobstes prangen sogar fünf. Die Rede ist von den „Habachtalern", den wegen ihres hohen Chromgehalts sattgrünen Smaragden aus dem Habachtal, nach denen heute noch gesucht wird, und das gar nicht so erfolglos. In

Europa gilt das Habachtal als einzige maßgebliche Fundstelle der wegen ihrer unverkennbar grünen Farbe so wertvollen Edelsteine, von denen schon die Römer in höchsten Tönen schwärmten. Die Mineralogen werden es wissen: Der Smaragd ist ein Beryll, der auch noch in anderen Farben vorkommt und zu den Silikaten zählt. Außer im Habachtal gibt es in Europa mit Norwegen und Italien noch zwei weitere Fundstellen, die allerdings kaum Bedeutung erlangt haben. Die weltweit wichtigsten Smaragdvorkommen liegen in Brasilien, Kolumbien, Ägypten und Pakistan. Über Fundstellen in China ist bislang noch wenig bekannt.

Wo Schätze im Boden liegen, sind Schatzsucher und Glücksritter nicht weit. Das ist heute nicht anders als gestern und vorgestern. Ihr Ziel im Habachtal ist die sogenannte Leckbachrinne, auch „Söllgraben" genannt, ein sehr unwegsames Gelände, wo bereits im 17. Jahrhundert Smaragde abgebaut wurden.

Wer an Mineralien interessiert ist und wessen Herzschlag sich beim Anblick von Edelsteinen erhöht, kommt im Museum Bramberg, dem ehemaligen Wilhelmgut, voll auf seine Kosten. Seit 2010 ist dort die Nationalparkausstellung „Smaragde und Kristalle" zu sehen.

Deshalb beginnen wir die Tagestour auch mit einem Rundgang durch die Ausstellung, in der wir wunderschöne Exponate von Bergkristallen, Smaragden und Epidoten zu sehen bekommen und daneben auch sehr viel über die Geheimnisse der Entstehung von Mineralien in den Hohen Tauern und insbesondere im Habachtal erfahren. Nach dem anschließenden Rundgang durch das Museum Bramberg, in dem auf drei Ebenen viel über bäuerliche Geschichte und das Handwerk der Gegend zu erfahren ist, gehen wir vom Wilhelmgut in westlicher Richtung dorfauswärts nach Habach, überqueren die Bundesstraße, die Pinzgauer Lokalbahn und die Salzach und gehen in südlicher Richtung weiter, bis wir zum Parkplatz und

der Nationalpark-Informationsstelle kommen. Dort ist dann auch der Eingang zum ebenfalls 2010 eröffneten neuen Smaragdweg, der auf einer Länge von acht Kilometern entlang der Habach angelegt ist. Auf insgesamt zwölf Erlebnisstationen wird sehr anschaulich die Geologie der Hohen Tauern und die des Habachtals erläutert, über die Venedigermandln erzählt, das Leben auf der Alm beschrieben und selbstverständlich zur Schatzsuche eingeladen. Wir stärken uns nach Wanderung und Schatzsuche im Almgasthof Alpenrose mit den köstlichen hausgemachten Mehlspeisen.

Für den Rückweg empfiehlt sich das Nationalpark-Taxi bis zum Parkplatz. Von dort geht es zu Fuß zurück zum Wilhelmgut. Dabei gilt es, den Blick auf das Tal und die Pinzgauer Grasberge zu genießen, die einen milden Kontrast zum doch eher herben Tauerntal darstellen.

Herzlich Willkommen im Tal der Smaragde. Der Almgasthof Alpenrose bietet ganztägig warme Küche und hausgemachte Mehlspeisen. Mineralienexkursionen starten direkt neben dem Gasthof und das Smaragd-Taxi hält vor dem Haus. Geöffnet ist der Gasthof jeweils von Ende Mai bis Anfang Oktober.

Almgasthof Alpenrose, Habachtal, 5733 Bramberg, Tel. 0664/916 80 22, alpenrose@salzburg-online.at, www.alpenrose-habachtal.at

7

Über die Larmkogelscharte

Mit dem Großvenediger auf Du und Du

- **Tourcharakter:** Zweitagestour mit Übernachtung
- **Ausgangs- und Endpunkt:** Habachtal, Parkplatz Nationalpark-Informationsstelle
- **Weglänge:** 16 km
- **Gesamtdauer:** 9 h
- **Höhenunterschied:** 1600 hm
- **Besonderheit:** Grandioses Dreitausender-Panorama

Der Kratzenbergsee liegt auf 2167 Meter und ist somit einer der höchstgelegenen natürlichen Seen in den Ostalpen. Eiskalt, fischlos und glasklar empfängt er den Wanderer auf dem Weg zur Neuen Fürther Hütte und wenn die Sonne nachmittags günstig steht, spiegelt sich das Panorama so gleißend, dass man den See erst auf den zweiten und dritten Blick als See ausmacht. Am hinteren Ende liegt eine fantastische Moorlandschaft, die niemand in dieser Höhe vermuten würde. An der tiefsten Stelle misst der See knapp über 30, in der Länge 750 und in der Breite 350 Meter.

Das zweite Gustostückerl auf dieser Zweitäler-Route ist neben dem Kratzenbergsee der 3022 Meter hohe Larmkogel, der Fachleuten und Einheimischen zufolge einer der schönsten Gipfel der Hohen Tauern ist. Erzählt wird zum Beispiel, dass der bekannte Salzburger Bergsteiger Kurt Diemberger auf dem Larmkogelgipfel seine Liebe zu den Bergen entdeckt haben soll. Knapp unterhalb des Larmkogels liegt die Larmkogelscharte, ein beliebter Übergang zwischen dem Hollersbach- und dem Habachtal. Der Aufstieg ist leicht bis mittelschwer, nur wenige Stellen sind etwas knifflig, sodass die Tour auch mit Kindern gemacht werden kann.

Wir starten die Wanderung auf dem Parkplatz im Habachtal vor dem Eingang zum Smaragdweg und lassen uns dort vom Nationalpark-Taxi abholen, das vom Hüttenwirt der Neuen Fürther Hütte betrieben wird, und uns von Bramberg nach Hollersbach und weiter bis zum Talschluss chauffieren. Der Aufstieg beginnt bei der Talstation der Materialseilbahn, von wo aus wir im ersten Abschnitt eine Dreiviertelstunde in steilen Serpentinen bis zum Hangtörl hinaufwandern. Dort weist uns ein großes Steinmandl den weiteren Weg. Wir lassen es rechts liegen, gehen über den Weißeneckerbach und weiter in steilen Serpentinen bergauf. Nach etwa eineinhalb Stunden haben wir den Kratzenbergsee erreicht, und einige Gehminuten später auch die Neue Fürther Hütte, auf der wir übernachten. Beim Abendessen in der gemütlichen Stube erfahren wir dann auch, dass es bei der Hütte sogar ein Glashaus gibt, in dem Gemüse und Salat gezogen werden. Das rundet den Eindruck der sehr auf Qualität bedachten Wirtsleute aufs Schönste ab.

Tag 2

Am nächsten Morgen geht's nach der Besichtigung der Kapelle hinunter zum See und danach in weiten Serpentinen den steilen Abhang des Kratzenbergs hinauf, wobei selbst im Hochsommer ein paar kleine Schneefelder zu passieren sind. Dabei ist wegen der Rutschgefahr besondere Vorsicht geboten. Nur wer ganz schwindelfrei ist, sollte sich an den kurzen Aufstieg zur Spitze des Larmkogels wagen. Der Weg ist durch Seile gesichert. Der Blick auf den Großvenediger bleibt unvergessen. Wenn man dann noch einen der Weißkopfgeier, die im Hollersbachtal angesiedelt sind, seine Kreise ziehen sieht, ist das Glück perfekt. Der Abstieg ins Habachtal geht über die Thüringerhütte und von dort über den üblichen Weg in den Talboden. Die Abkürzung über den Noitroisteig spart zwar Zeit, geht aber ziemlich in die Gelenke. Vom Gasthof Alpenrose geht es mit dem Nationalpark-Taxi zum Parkplatz zurück.

Die Neue Fürther Hütte ist die ideale „Bergstation" für alle, die die Hohen Tauern lieben, vom Alpinisten bis zum Brautpaar, das sich in der idyllischen Kapelle hochromantisch das Jawort gibt. Mitglied bei den Aktionen: „So schmecken die Berge", „Mit Kindern auf Hütten", „Bergferien". Geöffnet von Mitte Juni bis Anfang Oktober.

Neue Fürther Hütte, Schutzhütte des DAV,
5731 Hollersbach, Tel. 0664/86 06 787,
info@fuerther-huette.at, www.fuerther-huette.at

8

Unterwegs im Wasenmoos

Stark wie ihre Feinde ist die Natur

- **Tourcharakter:** Halbtagestour
- **Ausgangs- und Endpunkt:** Talstation Panoramabahn Kitzbüheler Alpen
- **Weglänge:** 10 km
- **Gesamtdauer:** 3,5 h
- **Höhenunterschied:** 200 hm
- **Besonderheit:** Geschützte Moorlandschaft mit Bergkulisse

Auf dem Pass Thurn liegt auf einer Höhe von 1200 Metern eine ausgedehnte Moorlandschaft, wovon das Wasenmoos den größten zusammenhängenden Teil darstellt. Regional wird das Moor als „Moos" bezeichnet, und unter einem „Wasen" ist ein Rasenstück zu verstehen. Im Wasenmoos wurde bereits im 18. Jahrhundert Torf gestochen, der als Ergänzung zum Holz bei der Verhüttung des abgebauten Erzes benötigt wurde. Der Torf vom Wasenmoos wurde mit Eseln nach Mühlbach bei Bramberg transportiert, wo er als Heizmaterial zum Sieden von Vitriol, einem Nebenprodukt bei der Erzgewinnung, verwendet wurde. Auf dem sechs Kilometer langen Weg, dem ursprünglichen „Waasenmoosweg" (nach der alten Schreibweise), kann man heute noch vom Moor nach Mühlbach gehen.

Wir sind mit der Pinzgauer Lokalbahn zwischen Zell am See und Krimml unterwegs, steigen bei der Station „Hollersbach Panoramabahn" aus und gleich in die Gondelbahn um, von der wir uns bis zur Mittelstation über das Salzachtal tragen lassen. Hier halten wir uns links und gehen ein paar hundert Meter in östlicher Richtung, bis wir hinter dem Parkplatz zum Eingang des Wasenmoos-Rundweges kommen. Einen ersten Überblick über die renaturierte Moorlandschaft verschaffen wir uns von der Aussichtsplattform aus und genießen dabei gleichzeitig den Blick über das Salzachtal und in die Hohen Tauern mit dem 2513 Meter hohen Pihapper im Vordergrund.

Wie schon im 18. so wurde auch in der ersten Hälfte des 20. Jahrhunderts hier Torf, der zu dieser Zeit hauptsächlich in der Landwirtschaft Verwendung fand, abgebaut und dafür sogar eine kleine Betriebsbahn angelegt. Mit der Renaturierung begann man 2002, und der aufmerksame Besucher wird links und rechts des knapp zwei Kilometer langen Moor-Erlebnisweges alles finden, was ein funktionierendes Moor-Biotop charakterisiert: von der Moor- und Hängebirke über die Rauschbeere bis hin zu Besenheide und Rentierflechten sowie Schnabelsegge und Teichschachtelhalm. An Tieren finden sich insbesondere der Grasfrosch, die Gerandete Jagdspinne sowie die Bergeidechse und die Plattbauchlibelle. Auf 15 Thementafeln sind alle Einzelheiten über das Naturdenkmal und seine Bewohner aufgeführt. Nach Verlassen des Moor-Erlebnisweges halten wir uns rechts, biegen in nördlicher Richtung auf den „Möser-Rundweg" ab und bringen den Anstieg von knapp 200 Höhenmetern hinter uns. Der weitere Weg führt durch den Wald und an einer Reihe von Mooren vorbei. Der Abstieg und Rückweg zur Aussichtsplattform führt zuerst durch den Graben des Engbachls und danach über offenes, landwirtschaftlich genutztes Gebiet.

Schon ein kurzer Aufenthalt am untersten der drei Krimmler Wasserfälle bewirkt, dass wir intensiver zu atmen beginnen, dass sich Stress-Symptome reduzieren und dass das Immunsystem positiv reagiert. Worin nun die exakte Ursache für das besondere „Reizklima" besteht, darüber sind sich die Forscher an der Paracelsus Medizinischen Privatuniversität (PMU) in Salzburg noch nicht so ganz einig. Diese arbeiten im Auftrag der Großglockner Hochalpenstraßen AG an einer Studie über die Wirkweise der Wasserfälle. Viel wichtiger als das Warum ist in diesem Fall aber ohnehin das Wie. Erwiesen ist, dass sich der mit Ionen angereicherte feine Sprühregen positiv auf Gesundheit und Wohlbefinden von Menschen, die unter Allergien und Asthma leiden, auswirkt. Studien der PMU belegen, dass an Asthma erkrankte Kinder nach einem zehntägigen Aufenthalt in Krimml und täglichem Luftholen in der Nähe des Wasserfalls noch vier Monate später gesundheitlich von diesem Aufenthalt profitieren. Subjektiv verbessert sich der Gesamtzustand, objektiv wird ein geringerer Ausstoß an Stickstoffmonoxid gemessen. Hier bekommt der stark unter Inflation leidende Begriff „Spa" (sanus per aquam) seine wirkliche Bedeutung wieder zurück. Frei übersetzt heißt das: Wasser macht gesund.

Was der Zeller Landphysikus Paul Oberlechner schon vor über 200 Jahren herausgefunden hatte, wurde jüngst auf Initiative von Dr. Christian Heu, ehemaliger Generaldirektor der Großglockner Hochalpenstraßen AG, und Volkmar Zobl, ehemaliger Direktor der Volksschule Krimml und passionierter Heimatkundler, wieder ins Bewusstsein gerückt. Die Ferienregion Nationalpark Hohe Tauern hat sich des Themas angenommen, und unter der Marke „Hohe Tauern Health" (HTH) werden Gesundheitspakete von unterschiedlicher Aufenthaltsdauer mit ärztlicher Betreuung und geführte Gesundheitswanderungen mit ausgebildeten Nationalparkrangern angeboten. Auch die Hotellerie hat die Zeichen der Zeit erkannt und war zu Investitionen bereit. So werden zwischen Krimml und Mittersill in einer Reihe von ausgewählten Häusern sogenannte Antiallergen-Zimmer angeboten.

Das Gebirge als Sanatorium – der Gedanke ist nicht neu, denken wir nur an Thomas Mann und seinen Jahrhundertroman „Der Zauberberg", dessen Handlung in einem Sanatorium oberhalb von Davos angesiedelt ist. Dessen Geschichte beruht auf persönlichen Beobachtungen Thomas Manns während der Besuche bei seiner Frau Katja, die dort einen mehrmonatigen Kuraufenthalt verbrachte. Gestern wie heute geht es um die Luft. Die Zivilisationskrankheit des 19. Jahrhunderts war die Schwindsucht (medizinisch: Tuberkulose), die des 21. Jahrhunderts heißt Asthma, das häufig durch Allergien hervorgerufen wird. Die Bedeutung der Berge sowie ihre Nutzung durch den Menschen sind einem permanenten Wandel unterworfen. Nach Phasen einer extensiven Nutzung in technologischer und sportlicher Hinsicht schlägt das Pendel derzeit in Richtung einer Nutzung der ursprünglichen, heilklimatischen Kraft des Gebirges aus. Diese kann für Allergiker, Asthmatiker, Kreislaufgeschädigte und Stressgeplagte zum einen die Beschwerden lindern oder für einen gewissen Zeitraum zum Verschwinden bringen und zum anderen eine nachhaltige Präventivwirkung haben. Gesundheit ist stets mehr als nur die Abwesenheit von Krankheit. Wie wir mit unseren individuellen Ressourcen haushalten, spielt eine immer größer werdende Rolle und hängt eng mit der Frage des persönlichen Lebensstils und dem Grad der Selbstverantwortung für die eigene Gesundheit zusammen. Älter werden lässt uns die Evolution. Um gesund zu altern, sollte ein Leben lang auf die Gesundheit geachtet werden – regelmäßig vielleicht auch unter dem Sprühregen der Krimmler Wasserfälle.

Hochspannung
im Park

Zwischen Felber Tauern und Mooserboden

Sind es am Talende die Krimmler Wasserfälle, die tosend unter Beweis stellen, wie sehr das Wasser die Landschaft des Oberpinzgaus dominiert, stehen weiter östlich, am unteren Oberlauf der Salzach, die Kraftwerke im Kapruner und Stubachtal für die Dominanz des Wassers, das sich aus den Gletschern der Dreitausender speist. Den 180 Millionen Kubikmetern Wasser, die die drei Stufen der Krimmler Fälle zu den höchsten Europas machen, stehen 250 Millionen Kubikmeter gegenüber, aus denen in Kaprun derzeit jährlich rund 700 Millionen Kilowattstunden Strom erzeugt werden. Dieses Potenzial deckt zehn Prozent des österreichischen Strombedarfs zu Verbrauchsspitzenzeiten. In der Kraftwerksgruppe Stubachtal, die den Österreichischen Bundesbahnen gehört, sollen zukünftig mit dem Pumpspeicherkraftwerk Tauernmoos jährlich 355 Millionen Kilowattstunden produziert werden. Damit lassen sich etwa 25 Prozent der Energie, die für den Antrieb der Güter- und Personenzüge der Österreichischen Bundesbahnen sowie anderer Eisenbahnverkehrsunternehmen in Österreich notwendig sind, decken. Dass damit zwei der schönsten Tauerntäler viel von ihrem ursprünglichen Charme einbüßen mussten, ist die andere Seite der energiewirtschaftlichen Medaille.

Zur extensiven wasserwirtschaftlichen Nutzung im Kapruner Tal kam zehn Jahre nach Inbetriebnahme der beiden Stauseen am Mooserboden die Erschließung des Kitzsteinhorns als Ganzjahres-Skigebiet, was der Gegend einen weiteren markanten Stempel aufgedrückt und das Landschaftsbild nachhaltig verändert hat. Wo über Jahrhunderte neben der Landwirtschaft kaum alternative Erwerbsmöglichkeiten vorhanden waren, wurde in den Jahrzehnten nach dem Zweiten Welt-krieg in einem revolutionären Umfang in Infrastrukturprojekte investiert. Das hat sehr viele Arbeitsplätze geschaffen und Wohlstand ermöglicht. Damit ging eine weitgehend kritiklose Akzeptanz der einschneidenden Eingriffe in Natur und Land-schaft einher, die, auch das gilt es zu berücksichtigen, voll und ganz dem Zeitgeist der Aufbaujahre entsprachen. Der untere Teil des Oberpinzgaus war davon weit umfangreicher betrof-fen als der Abschnitt zwischen Mittersill und Krimml.

Mittersill, am Kreuzungspunkt zweier wichtiger Handels- und Verkehrswege gelegen, ist seiner Geschichte entsprechend einer der ältesten Märkte und seit 2008 die jüngste Stadt des Landes. Mit der Felbertauernstraße wurde nicht nur eine schnelle und ganzjährig befahrbare Verbindung zwischen Nord- und Osttirol geschaffen, sondern auch eine wichtige Nord-Süd-Achse für den touristischen Reiseverkehr. Dass das Salzburger Informations- und Verwaltungszentrum des Nationalparks Hohe Tauern in Mittersill errichtet wurde, war eine weitere stimmige Konsequenz und unterstreicht die füh-rende Rolle des kleinen Städtchens an der Salzach, die mit dem Ort auf unheilvolle Weise aufs Engste verbunden ist. Denn die Geschichte Mittersills ist nicht nur die des Saumweges über Felber Tauern und Pass Thurn oder des Schlosses, das einst Sitz des Pflegers war, und auch nicht nur die der Erfindung des Skis mit dem Namen „Blizzard", sondern bis in die jüngste Zeit vor allem auch eine Geschichte der Überschwemmungen. Trotz des Baus von Dämmen, womit der Mittersiller Pfleger Ignaz von Kürsinger bereits im 19. Jahrhundert begonnen hatte und der bis heute fortgesetzt wird, zeigt das Wasser immer wieder auf, wie schwer es ist, seine flutenden Massen zu zähmen.

Stuhlfelden kennt diese Probleme nicht, sondern wurde im Lauf der Geschichte wie alle an den Südhängen der Pinzgauer Grasberge liegenden Orte immer wieder Opfer von Vermurungen, die von den über die Ufer tretenden Wildbächen verur-sacht wurden. Schon ein kurzer Spaziergang durch das überschaubar und authentisch gebliebene Dorf gibt Aufschluss über die lange und bedeutende Geschichte des Ortes, der eng mit der Pfarre verbunden ist. Neben der spätgotischen Dekanats- und Wallfahrtskirche, deren romanische Versatzstücke wie das Südportal aus der ersten Hälfte des 13. Jahrhunderts auf zumindest einen Vorgängerbau verweisen, sind besonders Schloss Lichtenau, der Geigerhof und das Schwaigerlehen hervorzuheben.

Uttendorf ist, was Kraftwerksbau und hochalpines Skigebiet angeht, der kleine Bruder von Kaprun, und die Täler weisen in ihrer Stufenform durchaus Parallelen auf. Sogar die Gemeindegrenzen stoßen in alpinen Höhen aufeinander, wiewohl die Orte selbst etwa 16 Kilometer voneinander entfernt liegen. Deshalb teilte sich der Saumweg über den Kalser Tauern auch in zwei Äste auf, wovon einer durch das Stubachtal und der andere über das Kapruner Törl führte. Was die Gemeindefläche betrifft, ist Uttendorf um ein Vielfaches größer als Kaprun, wenn auch 40 Prozent davon im Nationalpark Hohe Tauern liegen. Auch von der Siedlungsgeschichte her gibt es Parallelen – wo die Kelten in Uttendorf auf dem Steinerbichl siedelten, ließen sie sich in Kaprun auf dem Bürgkogel nieder. Räumlich dazwischen gab es eine Siedlung auf dem Nagelköpfel im Gemeindegebiet von Piesendorf.

An der Gemeindegrenze zwischen Niedernsill und Piesendorf, historisch exakt bei der sogenannten Walchereinöd, verläuft die Grenze zwischen Ober- und Unterpinzgau, an den sich nördlich von Zell am See der Mitterpinzgau anschließt. Wo Piesendorf an Zell am See grenzt und nördlich davon, findet der Talboden seine breiteste Ausdehnung, da die Wasserscheide zwischen Salzach und Saalach nördlich des Zeller Sees nur ein paar Meter beträgt. An den Südhängen der Pinzgauer Grasberge ist zwischen den Piesendorfer Ortschaften Walchen und Aufhausen so etwas wie die „Costa del Sol im Salzachtal" entstanden. Wer hier wohnt, wird von der Sonne geradezu verwöhnt.

9

Der alte Weg über den Felber Tauern

Unterwegs wie die Säumer

- **Tourcharakter:** Tagestour
- **Ausgangspunkt:** Matreier Tauernhaus auf der Osttiroler Seite
- **Endpunkt:** Tauernhaus Spital auf der Salzburger Seite
- **Weglänge:** 16 km
- **Gesamtdauer:** 9 h
- **Höhenunterschied:** 1200 hm
- **Besonderheit:** Seentour mit Venedigerblick

Der Weg über und durch den Felber Tauern ist heute wie gestern von großer verkehrspolitischer Bedeutung. Gestern zogen die Säumer entlang des jahrtausendealten Saumwegs über den 2481 Meter hohen Felber Tauern, heute übernimmt diese Funktion die insgesamt 36 Kilometer lange Felbertauernstraße zwischen Mittersill und Matrei, das bis 1811 zum Land Salzburg gehörte. Als Säumer, auch Samer genannt, wurden jene Männer bezeichnet, die auf Pferden Waren über die Alpen transportierten. Es handelte sich dabei meist um Bauern, für die die Säumerei ein wichtiger Nebenverdienst war. Interessant ist, dass es damals schon eine Beschränkung der Höchstlasten gab, die einem Saumpferd aufgebürdet werden durften. Ein Ross-Saum war in der Regel drei Zentner schwer, was 168 Kilogramm entspricht. Wein wurde in zwei Fässern zu je 60 Litern transportiert, und das Halleiner Fuder waren zwei Säcke mit je 115 Pfund Salz, was 64,4 Kilogramm auf jeder Seite entsprach. Die Saumwege über die Tauern waren kaum mehr als einleinhalb Meter breit und führten häufig über Steinstufen, was an Mensch und Tier ziemlich hohe Anforderungen stellte. Bei günstigen Witterungsverhältnissen legten die Säumer täglich – je nach Steigung – bis zu 35 Kilometern zurück.

Wir beginnen unsere Tour beim Matreier Tauernhaus auf 1512 Meter, das mit dem Nationalpark-Wanderbus zu erreichen ist. Es wurde Anfang des 13. Jahrhunderts von den Salzburger Fürsterzbischöfen als Schwaige (ganzjährig bewirtschafteter Hof) gegründet. Die Tauernhäuser waren gewissermaßen die „Autobahnraststätten des Mittelalters", sie waren gleichermaßen Hospize, Wacht- und Raststationen entlang der Saumwege und anders als in den Westalpen wurden sie jeweils unterhalb der Passhöhen errichtet. Die Betreiber der Tauernhäuser wurden vom Landesfürsten finanziell unterstützt und waren auch für die Erhaltung der Wege verantwortlich, wofür sie bis ins 19. Jahrhundert mit Naturalien und später, bis in die Mitte des 20. Jahrhunderts, mit Geld entlohnt wurden. Dass der Felber Tauern einer der wichtigsten Übergänge war, belegt die Tatsache, dass an seiner Strecke insgesamt fünf Tauernhäuser lagen, vier auf Salzburger und eines auf Osttiroler Seite. Als Gastbetrieb geführt wird heute nur mehr das Matreier Tauernhaus.

Der Anstieg beginnt ein paar Minuten vom Tauernhaus entfernt und führt über enge Serpentinen ziemlich steil hinauf. Nach etwa 500 Höhenmetern ist der Venedigerblick erreicht – und man sieht ihn tatsächlich, gutes Bergwetter vorausgesetzt. Wir halten uns aber nicht lange auf, um gleich die nächste Etappe bis zum Grünsee anzuschließen. Hier wird gerastet, schließlich haben wir zwei Drittel des Aufstieges hinter uns. Unweit vom Grünsee liegen Schwarzsee und Grauer See. Da Baden, zum Teil wegen der frostigen Wassertemperaturen, nicht auf dem Programm steht, begnügen wir uns mit dem Blick auf die Seen. Gestärkt geht es der alten Säumerroute entlang hinauf zum Übergang auf 2481 Metern. Auf der Salzburger Seite liegen noch einmal drei kleine eiskalte Bergseen: Tauernsee, Langsee und Plattachsee. An ihnen vorbei führt unser Weg über das Nassfeld hinunter zum Hintersee auf 1313 Meter. Während des Abstieges malen wir uns aus, wie es um diese ungestörte Berglandschaft stünde, wären die während des Zweiten Weltkriegs begonnenen Arbeiten an einer Seilbahn über den Gebirgskamm tatsächlich fertiggestellt worden. Die 1939 in Mittersill gegründete Heeresschule für den Seilbahnbau errichtete bereits eine Seilbahn für den Transport des Baumaterials und fertigte dabei eine 80 Meter hohe Seilbahnstütze aus Holz an, die einzige ihrer Art. Heute ist davon nichts mehr übrig, denn die Reste der Anlage wurden in den 1950er-Jahren entfernt.

Das Felbertal liegt wie alle Tauerntäler im Einzugsbereich des Nationalparks Hohe Tauern und darf nicht mehr verbaut werden. Davon ausgenommen sind jene Abschnitte, die aus Gründen einer bestehenden Infrastruktur keinen Schutzcharakter haben, so wie dies bei der gesamten Trasse der Felbertauernstraße der Fall ist. Vom Hintersee geht es in nördlicher Richtung talauswärts zur Meilingeralm und über den Alten Boden zum Tauernhaus Spital. Von dort fährt man mit dem Nationalparktaxi zurück ins Tal.

10

Schloss Mittersill als Wächter

In der jüngsten Stadt des Landes

- **Tourcharakter:** Tagesausflug
- **Ausgangs- und Endpunkt:** Stadtplatz
- **Weglänge:** 3 km
- **Gesamtdauer:** 6 h mit Besichtigungen
- **Höhenunterschied:** 150 hm
- **Besonderheit:** Schloss Mittersill ist wieder zugänglich

Wir sind mit der Pinzgauer Lokalbahn in Mittersill angekommen und über die Zeller Straße zum Stadtplatz gegangen, wo wir unsere ganztägige Kulturwanderung durch die jüngste Stadt des Landes starten. Mittersill ist durch seine verkehrsstrategische Bedeutung einer der ältesten Märkte des Landes. Die dicht nebeneinander gelegenen Wirtshäuser verweisen noch heute auf die große Zeit der Säumer, als über den Felber Tauern Salz in den Süden und Wein sowie Gewürze in den Norden und weiter über den Pass Thurn transportiert wurden.

Unser erstes Ziel ist die Multimedia-Ausstellung „Nationalparkwelten" im 2007 eröffneten Nationalparkzentrum Hohe Tauern, die den Besuchern die hochalpine Landschaft und ihre Bewohner zum Greifen nahe präsentiert. Tief beeindruckt vom Panoramaflug des Adlers, der mit einer Flügelspannweite von über zwei Metern zu den größten Vögeln im Gebiet der Hohen Tauern zählt, verlassen wir das Nationalparkzentrum beim dahinterliegenden Teich. Wir halten uns vor dem Bürgerkanal rechts, um in östlicher Richtung auf die Rathausgasse zuzugehen und rechts in diese einzubiegen. Ein paar hundert Meter weiter führt an der Ostseite des Stadtplatzes eine kleine Gasse, die Lebzeltergasse, nach links. Ihr folgen wir, kreuzen die Hintergasse, aus der in der Fortsetzung die Felberstraße wird, und gehen nach der Rechtskurve auf das schon von Weitem sichtbare Felberturm-Museum zu. Es informiert über die Geschichte des Säumens und ist der älteste Bau des Oberpinzgaus. Zum Mittagessen setzen wir uns in den Gastgarten des Hotels Bräurup und erfrischen dort unsere Gemüter mit Bier aus der hauseigenen Brauerei.

Am Nachmittag starten wir ein weiteres Mal vom Stadtplatz aus, diesmal in nördlicher Richtung mit Schloss Mittersill als Ziel. Mit dem Umbau zum Hotel ist das Schloss seit 1881, als das Bezirksgericht in den Markt verlegt und das Anwesen versteigert wurde, erstmals wieder der Öffentlichkeit zugänglich. Die exponierte Lage – es steht 140 Meter über dem Salzachtal – ermöglichte sowohl die Kontrolle des Felbertals als auch des Pass Thurn. Auf der Zeller Straße überqueren wir die Salzach und die Trasse der Pinzgauer Lokalbahn, folgen danach aber nicht dem Straßenverlauf, sondern gehen geradeaus weiter. An der Wegkrümmung biegen wir nach rechts auf einen Wanderweg ab, der direkt zum Schloss führt, dessen farbige Geschichte vor allem im 20. Jahrhundert geschrieben wurde. Nach mehreren Eigentümerwechseln erwarb es 1936 Hubert Pantz, adeliger Unternehmer aus der Steiermark, und etablierte einen „Internationalen Sport- und Schießclub", der alten Adel sowie Geld- und Politprominenz in den Oberpinzgau brachte.

Nach 1938 requirierten die Nationalsozialisten das Schloss, und Heinrich Himmler gründete das „Reichsinstitut Sven Hedin für Innerasienforschung" als Tarnung des „Instituts der Forschungsgemeinschaft Deutsches Ahnenerbe e.V." Anfang der 1950er-Jahre kehrte der internationale Jetset mit dem Schah von Persien, Aristoteles Onassis, Rita Hayworth und Clark Gable nach Mittersill zurück. Das Ende der goldenen Ära kam Mitte der 1960er-Jahre, als das „International Fellow Ship of Evangelical Students" (IFES) Schlossherr wurde und es bis 2009 blieb.

Auf dem Rückweg biegen wir an der Zeller Straße links ab und gehen ein paar hundert Meter in östlicher Richtung bis zur nächsten Abzweigung nach links, wo uns bereits ein Hinweisschild zur Gedenkstätte des Komponisten Anton von Webern (1883–1945) führt, der ein Schüler Arnold Schönbergs, des Erfinders der Zwölfton-Musik, war. Die Gedenkstätte besteht lediglich aus einer an der Hauswand angebrachten Plakette. Weil aber die Umstände seines Todes so tragisch wie grotesk sind, sollen sie hier knapp skizziert werden: Webern war mit seiner Familie aus Angst vor der Roten Armee nach Mittersill geflüchtet, wo er sich über mehrere Monate aufhielt. Weil sein Schwiegersohn des Schwarzhandels bezichtigt wurde, hatten Besatzungssoldaten das Haus observiert. Als Webern aus dem Haus trat, löste sich aus der Waffe eines der dort postierten Soldaten ein Schuss und verwundete ihn tödlich.

Im Bräurup sind Pinzgauer Gemütlichkeit und Gastfreundschaft zu Hause. Hier wird mit Produkten aus der eigenen, biologisch geführten Landwirtschaft gekocht. Fisch kommt aus den eigenen Gewässern und das Wild aus der nächsten Umgebung. Selbst gebrautes Bier, historische Stuben und Gastgarten. Täglich geöffnet.

Hotel Restaurant Brauerei Bräurup,
Kirchgasse 9, 5730 Mittersill, Tel. 06562/6216-0,
hotel@braurup.at, www.braurup.at

11

Von der Bürglalm auf den Geißstein

Der höchste Grasberg Europas

- **Tourcharakter:** Tagestour
- **Ausgangs- und Endpunkt:** Bürglalm
- **Weglänge:** 6,5 km
- **Gesamtdauer:** 4 h
- **Höhenunterschied:** 660 hm
- **Besonderheit:** Bestechender Panoramablick in die Hohen Tauern

Wir starten unsere Tour auf den Geißstein bei der Bürglhütte, die auf 1699 Meter am Sonnberg über Stuhlfelden liegt. Von Zell am See kommend, biegen wir dazu in Stuhlfelden vor dem Gasthof Flatscher, einem der ältesten Gasthöfe des Oberpinzgaus, rechts von der Bundesstraße ab, fahren in den Ort hinein und halten uns bei der Kirche rechts. Der gut ausgeschilderte Weg führt in weiten Serpentinen den Sonnberg hinauf, danach ins Mühltal hinein und weiter bis zur Bürglhütte. Je weiter wir uns der Hütte nähern, umso schmaler wird der Weg. Es wäre deshalb anzuraten, das Auto schon vorher auf dem Weg zur Hütte am Straßenrand abzustellen. Die knapp zehn Kilometer lange Tour kann auch mit dem Mountainbike befahren werden.

Der Wandersteig beginnt hinter der Bürglhütte und führt gleichmäßig ansteigend über den Südgrat hinauf. Der Geißstein ist mit 2366 Metern die höchste Erhebung der Pinzgauer Grasberge und somit der höchste Grasberg Europas. Unter den Pinzgauer Grasbergen sind die westlichen Gebirgszüge der Salzburger Schieferalpen (Grauwackenzone) zu verstehen. Darunter fallen die Dientner Berge, die Glemmtaler und die Kelchsauer Alpen. Der Geißstein liegt in den Glemmtaler Alpen an der Grenze zwischen Stuhlfelden und Saalbach-Hinterglemm.

Auf unserer Tour gehen wir auch ein kurzes Stück auf dem Pinzgauer Spazierweg, der sich auf einer Länge von 25 Kilometern und einer Höhe von 1800 bis 2000 Metern von der Schmittenhöhe westwärts bis zur Bürglhütte zieht. Für den letzten Anstieg auf den Gipfel sind Trittsicherheit und Schwindelfreiheit unbedingte Voraussetzungen, denn, so sagen die Oberpinzgauer, wenn man nicht aufpasst, liegt man schnell im Glemmtal unten. Den Rückweg nehmen wir über die südwestlich gelegene 2035 Meter hohe Sintersbachscharte, weil diese Variante weniger steil ist. Dabei folgen wir dem Westgrat, gehen ein kurzes Stück den Hang hinab, um ihn dann in einem weiten Linksbogen zu queren. Im Weiteren geht es durch die Sintersbachscharte und an der verlassenen Kesselalm vorbei, ehe wir wieder auf die Tourenstrecke zur Bürglalm stoßen.

12

Dorfspaziergang durch Stuhlfelden

Mit Pfeil und Bogen ins Schwefelbad

- **Tourcharakter:** Halbtagesausflug
- **Ausgangs- und Endpunkt:** Platz vor Schloss Lichtenau
- **Weglänge:** 5 km
- **Gesamtdauer:** 4 h mit Besichtigungen
- **Besonderheit:** Kleines Dorf mit großer Geschichte

Stuhlfelden ist von der Gemeindefläche her einer der kleineren Orte im Oberpinzgau, von der historischen Seite her einer der ältesten Kirchenorte des Tals und vom Alltagsleben her ein ursprüngliches Dorf. Hier musste und muss nichts mühsam „renaturiert" werden. Mit einem Wort, Stuhlfelden ist sympathisch unaufdringlich, professionalisiert sich seit einigen Jahren als Treffpunkt für Fans des Bogensports und hat 2010 sogar die Bogensport-WM ausgerichtet. Doch damit ist Stuhlfelden noch nicht ausreichend charakterisiert, denn die Gemeinde hat seit 2004 eine Frau als Bürgermeisterin.

Seit den Gemeinderatswahlen vom März 2014 bildet das Land Salzburg das Schlusslicht in Österreich, wenn es um die Besetzung des Bürgermeisteramtes mit Frauen geht. Von 25 Bewerberinnen haben es letztlich nur zwei geschafft. Neben Stuhlfelden wird nur noch Seekirchen im Flachgau von einer Frau „regiert".

Wir beginnen unseren Kulturspaziergang durch Stuhlfelden vor dem Schloss Lichtenau, das von der Gewerkenfamilie Rosenberger Anfang des 16. Jahrhunderts erbaut und von Christoph Khuen von Belasy 1624 in die heutige Form eines typischen Salzburger Ansitzes mit vier Geschoßen, Walmdach und Aufsatztürmchen gebracht wurde. Noch ist im Schloss hauptsächlich das Sonderpädagogische Schulzentrum des Oberpinzgaus untergebracht, doch in den repräsentativen Gewölberäumen im Keller finden immer häufiger standesamtliche Trauungen statt. Vom Schloss schlendern wir in westlicher Richtung über den Dorfplatz zur Wallfahrts- und Dekanatskirche Maria am Stein, die auch eine Station auf dem Pinzgauer Marienweg ist. Dieser führt von Maria Kirchental über Maria Alm und Embach nach Bruck an der Glocknerstraße und weiter nach Stuhlfelden und Mittersill. Die Gründung der ältesten und bis ins 13. Jahrhundert einzigen

Pfarre des Oberpinzgaus geht auf das Jahr 963 n. Chr. zurück. Das heutige Einzugsgebiet der Dekanatskirche reicht von Krimml bis Kaprun. Neben dem auffällig spitzen Turm sticht das reich verzierte romanische Rundbogenportal aus der ersten Hälfte des 13. Jahrhunderts ins Auge. 100 Meter weiter westlich der Kirche steht das Schwaigerlehen, ein für den Oberpinzgau typischer Einhof, dessen Ursprünge bis ins 15. Jahrhundert zurückreichen und der innen wie außen eine Augenweide bäuerlicher Kultur darstellt. Dass in der Rauchkuchl auch heute noch höchst professionell aufgekocht wird, ist für Thresi Bacher, die umtriebige Hausherrin, weniger ein Spektakel als vielmehr lebendig gehaltene Tradition. Vom Schwaigerlehen gehen wir in westlicher Richtung weiter, zuerst auf der asphaltierten Gemeindestraße und dann auf einem Wanderweg. Nach etwa zwei Kilometern kommen wir beim Heilbad Burgwies an, wo uns schon der in der Luft hängende Schwefelgeruch verrät, dass hier auch heute noch Schwefelbäder zur Lockerung der Muskulatur und Förderung der Durchblutung genommen werden können. Vom Heilbad gehen wir in südlicher Richtung zur Bundesstraße, überqueren diese und wandern etwa einen halben Kilometer bis zur Salzach weiter. Von dort folgen wir in östlicher Richtung dem Salzachdamm flussabwärts, um beim Recyclinghof nach links abzubiegen und über die Trasse der Pinzgauer Bahn in den Ortskern von Stuhlfelden zurückkehren.

Wenn in der Rauchkuchl des Schwaigerlehens das Feuer knistert, Thresi Bacher am offenen Herd steht und in großen Eisenpfannen Hirschsteaks in Granggensoße zubereitet, dann zeigt sich der Oberpinzgau von seiner schönsten Seite. Es kommen nur ausgewählte Produkte aus der Umgebung und aus dem eigenen Garten auf den Tisch.

Schwaigerlehen-Berngarten, Nr. 14, 5724 Stuhlfelden, telefonische Reservierung unter 06562/5118, www.schwaigerlehen.at

Keltendorf Steinerbichl

Auf den Spuren prähistorischer Siedler

- **Tourcharakter:** Halbtagesausflug
- **Ausgangs- und Endpunkt:** Parkplatz am Badesee in Uttendorf
- **Weglänge:** 5 km
- **Gesamtdauer:** 2,5 h
- **Höhenunterschied:** 130 hm
- **Besonderheit:** „Kraftplatz" mit Tauernblick

Es sind 13 Täler, die die Hohen Tauern zwischen dem Krimmler Achental im Westen und dem Großarltal im Osten zu einer unvergleichlichen Gebirgslandschaft mit sehr unterschiedlichen Ausprägungen formen. In der Mitte liegt das Stubachtal und dem Taleingang gegenüber am Sonnenhang der Pinzgauer Grasberge haben sich auf dem Steinerbichl prähistorische Kulturen niedergelassen. Ebenso sehr wie die geografische Mitte hat dafür wohl auch der Saumweg über den Kalser Tauern eine maßgebliche Rolle gespielt, wurde doch vor etwa 100 Jahren auf dem Kalser Tauern ein Schwert aus der Bronzezeit gefunden.

Nachdem man in Uttendorf Anfang der 1960er-Jahre bei Wasserleitungsarbeiten ein altes Gräberfeld entdeckt hatte, das von 1975 bis 1990 systematisch freigelegt wurde, ging es im Anschluss daran um die Frage, wo die Siedlung war, zu der das 50 Meter über dem heutigen Ort liegende Gräberfeld gehörte. Bis heute konnten am Steinerbichl über Uttendorf eine mächtige Randbefestigung aus großen Steinblöcken sowie mehrere Hausgrundgrisse mit Herdstellen und Vorratsgruben freigelegt werden. Es ist anzunehmen, dass der Siedlungsbeginn um 1800 v. Chr. zu datieren ist, was der ausgehenden Frühbronzezeit entspricht, und in engem Zusammenhang mit dem Kupferbergbau auf 1600 Meter stand.

Wir beginnen unseren Halbtagesausflug auf dem Parkplatz am Nordufer des Uttendorfer Badesees, wo wir gleich nördlich davon auf die Tobersbachstraße stoßen, in die wir links einbiegen und in westlicher Richtung bis zum Dorfplatz gehen. Wer mit der Pinzgauer Lokalbahn anreist, steigt an der Haltestelle Uttendorf-Stubachtal aus, passiert die Bundesstraße und kommt über die Bahnhofstraße auf den Dorfplatz. Hier biegen wir rechts in die Dorfbachstraße ein und bleiben auf ihr bis zur Abzweigung Stefflweg. Entlang des Schmetterlingsweges queren wir einen exponierten Trockenhang mit einer ausgesprochen wärmeliebenden Pflanzen- und Insektenwelt. Über Holztreppen geht es weiter zum Steinergraben, wo wir am Steinerbichl zum Keltendorf abzweigen.

Nach der bronzezeitlichen Siedlungsphase war der Steinerbichl ab dem Beginn der Hallstattzeit, etwa um 750 v. Chr., wieder besiedelt und blieb es bis ins 5. Jahrhundert n. Chr. In dieser Zeit waren die Kelten hier ansässig, und der Besucher stellt staunend fest, wie dauerhaft sie ihre Behausungen gebaut hatten und dass diese durchaus als Vorgängerbauten der

heutigen Almhütten und Heustadel anzusehen sind. Bis heute konnten zwei rechteckige Gebäude teilweise freigelegt werden, von denen eines 12 Meter in der Länge und 9 Meter in der Breite misst. Neben den Ausgrabungen besteht das im Sommer 2010 eröffnete Keltendorf aus Rekonstruktionen einzelner Häuser, denen bestimmte Funktionen wie die des Web- und Töpferhauses zugeordnet wurden. Dass auch der keltische Baumkreis nicht fehlt, versteht sich von selbst.

Für den Rückweg zum Badesee wählen wir den Rundwanderweg „Ge(h) sundbergauf", der auf der Ostseite des Keltendors beginnt und über etwa 150 Höhenmeter zum Alpengasthof Liebenberg führt. Dort wendet sich der Weg zuerst in Richtung Westen, wobei wir den Dorfbach überqueren, an einigen Bauernhöfen wie dem Moar- und Ragglingbauern vorbeikommen, um danach in südöstlicher Richtung bergab zu gehen. Beim Stefflbauern befinden wir uns wieder auf dem Stefflweg, der zur Dorfbachstraße führt. Auf dem Dorfplatz biegen wir links in die Tobersbachstraße ein und kehren zum Parkplatz zurück.

14

Wiegenwald im Stubachtal

Hochmoor, Zirben und Hirschlacke

- **Tourcharakter:** Halbtagestour
- **Ausgangs- und Endpunkt:** Parkplatz Enzingerboden
- **Weglänge:** 6 km
- **Gesamtdauer:** 3,5 h
- **Höhenunterschied:** 400 hm
- **Besonderheit:** Nur in Begleitung eines Wanderführers zu begehen

Das Stubachtal gilt von seiner ausdifferenzierten Formation her als eines der schönsten Täler in den Hohen Tauern. Diese Aussage mag deshalb verwundern, weil es heute als solches nicht mehr erkennbar ist – zumindest nicht auf den ersten Blick. Der Talschluss des Stubachtals wurde zwar schon zu

Beginn des 20. Jahrhunderts als schützenswert erachtet – schließlich liegt hier sozusagen die Wiege des Nationalparks Hohe Tauern – doch die Energiewirtschaft war schneller und hatte die Befürworter auf ihrer Seite, sodass hier seit den 1920er-Jahren Strom für die Österreichischen Bundesbahnen produziert wird. Interessant ist am Stubachtal, das seinen Namen vom stäubenden Wasser ableitet, der geologisch vielfältige Aufbau: Weichere und widerstandsfähigere Gesteine wechseln einander ab, was dazu geführt hat, dass Gletscher und Bäche unterschiedlich geformte Talabschnitte wie das Trog- und V-Tal geschaffen haben. Der Talverlauf zeichnet sich zudem durch charakteristische Stufenanstiege aus, was wohl auch die Kraftwerksbauer angelockt hat.

Auf der ersten dieser drei Stufen, dem sogenannten Enzingerboden, zieht sich nordwestlich auf einer eiszeitlichen Moräne der Wiegenwald bis auf eine Höhe von 1800 Metern. Dabei handelt es sich um ein Naturwaldreservat, in dem die natürliche Entwicklung der Lebensgemeinschaften von Pflanzen und Tieren oberste Priorität hat. Das schließt auch jegliche Nutzung des Waldes aus. Während er im unteren Bereich hauptsächlich aus Fichten, Lärchen und Zirben besteht, dominiert weiter oben die Zirbe. Sie ist wie die Lärche in der Region heimisch, während die Fichte erst im 17. Jahrhundert „eingeführt" und wegen ihres schnellen Wuchses besonders gefördert wurde. Das Holz der Zirbe ist heute wieder sehr attraktiv geworden, wird ihm doch eine gesundheitsfördernde Wirkung nachgesagt. Studien belegen, dass Zirbenholz zur erholsamen Verringerung der Herzfrequenz beiträgt. Zweifelsfrei erwiesen ist, dass die ätherischen Öle der Zirbe ein angenehmes Raumklima schaffen und darüber hinaus Ungeziefer fernhalten. Früher war jedes Wirtshaus stolz auf seine Stube, die mit Zirbenholz getäfelt war.

Den Enzingerboden, wo wir mit der Tour durch den Wiegenwald beginnen, erreicht man von Uttendorf aus über die 17 Kilometer lange Panoramastraße entweder mit dem Bus oder dem eigenen PKW. Der Einstieg in den „Urwald" beginnt hinter dem Gasthof und ist anfangs ziemlich steil. Schon auf den ersten 50 Höhenmetern wird der Urwaldcharakter des Wiegenwaldes deutlich und all jene Besucher irritieren, die ihr Ideal in einem aufgeräumten Wald sehen. Welch ein faszinierendes Netz der Vergemeinschaftung von Pflanzen und Tieren in so einem Schutzwald entstehen kann, offenbart sich, wenn der Nationalpark-Ranger die Funktion eines Ameisenbaus sowohl für das Biotop Wald als auch für den Birkhahn, der den Bau als Schmarotzer nutzt, erläutert. Raufußhühner, zu denen auch der Birkhahn zählt, sind häufig von Parasiten befallen. Um sich davon zu befreien, setzen sie sich auf einen Ameisenhaufen, scheuchen mit aufgestelltem Gefieder die Ameisen auf, was man umgangssprachlich als „Hudern" bezeichnet und lassen sich durch die Ameisensäure von den lästigen Parasiten befreien. Die dabei entstandene Mulde im Ameisenhaufen wird „Huderpfanne" genannt. Die Ameisen ihrerseits sind nach so einer „Aktion" höchst motiviert, den zerstörten Ameisenhaufen neu zu bauen und mehr Ameisensäure zu produzieren.

Auf der Kuppe des Wiegenwaldes liegt ein Hochmoor mit mehreren kleinen Seen, wovon die Hirschlacke der größte ist. Wer bei all den kleinen und großen „Wundern", die die Natur in so einem Biotop parat hält, auch noch Augen für die Umgebung hat, kann den Medelzkopf sehen, den Tauernkogel und das Eiskögele. Über die Schwarze Lacke kommen wir zum Stierbühelhaus, das seinen Namen dem Umstand verdankt, dass hier früher im Sommer eine Stierweide war. Nach einem Abstieg von knapp 100 Höhenmetern, der einige Trittsicherheit verlangt, kommt man am Grünsee auf 1780 Meter an und hat die Wahl, entweder zu Fuß zu gehen oder mit der Seilbahn von der Mittelstation bis zum Enzingerboden hinunter zu fahren. Der Zeitaufwand ist für beide Varianten gleich groß.

Von Niedernsill nach Piesendorf

Zwischen Norikern und gotischen Fresken

- ■ **Tourcharakter:** Halbtagestour – Radwanderung 🚲
- ■ **Ausgangs- und Endpunkt:** Samerstall in Niedernsill
- ■ **Weglänge:** 15 km
- ■ **Gesamtdauer:** 3,5 h mit Besichtigungen
- ■ **Besonderheit:** Teilstrecke des Tauernradweges

Die Norikerpferde, wie wir sie heute kennen, kamen ursprünglich mit den Römern als Warmblüter über die Alpen, wurden hier weitergezüchtet und durch Landschaft, Klima und Boden zum Gebirgskaltblutpferd geformt. Das Ziel der Zucht, die die Fürsterzbischöfe erstmals normierten und kontrollierten, wurde in einem Forderungskatalog zusammengefasst, worin Eigenschaften wie Genügsamkeit, Ausdauer, Leistungsbereitschaft, ruhiges Temperament und sichere Geländegängigkeit neben anderen Merkmalen aufgelistet sind. Schmunzelnd darf festgestellt werden, dass sich das Anforderungsprofil an das bäuerliche Personal in der Zeit vor der Automatisierung der Landwirtschaft kaum anders gelesen hat. Welchen Stellenwert das Pferd hatte, bevor es durch den Traktor ersetzt wurde, mag ein alter Spruch verdeutlichen, der auch Hans Scherer, Obmann des Kulturvereins Samerstall Niedernsill und Initiator des Noriker-Museums, leicht über die Lippen geht: „Weibersterben, kein Verderben – Ross verrecken, großer Schrecken."

Wir beginnen unsere halbtägige Rad-Rundtour, die uns von Niedernsill über Kaprun nach Piesendorf und wieder zurück nach Niedernsill führt, mit dem Besuch des Noriker-Museums. Hier findet der Besucher alles Wissenswerte über die Noriker als Pferderasse und über Pferde im Allgemeinen. Die Vorgänger der Autowerkstatt waren die Huf- und Wagenschmieden. Anhand einer nachgebauten Feldschmiede aus dem Zweiten Weltkrieg wird dieser für die Gesundheit der Pferde so wichtige Beruf anschaulich gemacht. Kinder werden auf spielerische Art animiert, Fragen zu beantworten. Was hat es mit den Augen von Pferden auf sich und wie vieler Mahlvorgänge mit den Zähnen bedarf es, bis ein Kilogramm Heu im Magen ist?

Nach dem Besuch des Museums radeln wir auf dem Tauernradweg an der Salzach entlang bis kurz vor Kaprun, wo wir in nördlicher Richtung nach Fürth abbiegen. Auf dem Radweg neben der Bundesstraße fahren wir bis ins Ortszentrum von Piesendorf, wo uns der Weg zur Pfarrkirche führt. Im Zuge von Bauarbeiten ist man auf eine mehrmals überstrichene Kalksecco-Malerei aus der Mitte des 15. Jahrhunderts gestoßen, die Szenen aus dem Leben Christi darstellt sowie die Heiligen Michael, Barbara und Johannes den Täufer. Wir fahren nach einer stärkenden Jause im sympathischen Gasthof Mitterwirt, einer früheren Postkutschen-Station, zum Strandbad und zum Tauernradweg, auf dem wir Richtung Westen nach Niedernsill zurückradeln.

Der Mitterwirt ist ein Salzburger Landgasthof, in dem Tradition und Gastlichkeit seit 650 Jahren hoch gehalten werden. Zum Rasten eignen sich der sonnige Gastgarten und das Bischofszimmer mit Möbeln aus dem 19. Jahrhundert. Gekocht wird solid österreichisch mit italienischem und internationalen Einschlag. Dienstag Ruhetag.

Gasthof Mitterwirt,
Dorfstraße 44, 5721 Piesendorf, Tel. 06549/7203,
gasthof-mitterwirt@sbg.at, www.gasthof-mitterwirt.at

Sigmund-Thun-Klamm Kaprun

Gletschermilch für den Hausgebrauch

- ■ **Tourcharakter:** Halbtagestour
- ■ **Ausgangs- und Endpunkt:** Krafthaus Kaprun-Hauptstufe
- ■ **Weglänge:** 3,5 km
- ■ **Gesamtdauer:** 4 h mit Besichtigung
- ■ **Höhenunterschied:** 70 hm
- ■ **Besonderheit:** Wilde Klamm und surrende Turbinen

Benannt ist die 320 Meter lange und 32 Meter tiefe Klamm, durch die sich seit 20.000 Jahren die Kapruner Ache ihren Weg bahnt, nach Graf Sigmund von Thun-Hohenstein, der als hochverdienter Militär in die Politik gegangen ist und von 1872 bis 1897 Landespräsident des Kronlandes Salzburg war. Er hat sich in dieser Funktion nicht nur für die Salzachregulierung im Oberpinzgau stark gemacht, sondern auch touristische Maßnahmen, wie den Stegbau durch die schließlich nach ihm benannte Klamm unterstützt. Seinem Naheverhältnis zum Hof in Wien war es zu verdanken, dass Kaiser Franz Joseph I. 1893 Kaprun einen Besuch abstattete, der auch Nikolaus Gassner, Bezirksbauingenieur aus Saalfelden und Kapruner Tourismuspionier zugutekam. Er ließ unter anderem das Hotel Kesselfall-Alpenhaus errichten und führte es als alpine Nobelherberge. Als die Nationalsozialisten 1938 mit dem Bau des Kraftwerks begannen, was letztendlich mehr mit Propaganda als tatsächlicher Unternehmung zu tun hatte, wurde die Klamm – 1934 zum Naturdenkmal erklärt – für Besucher geschlossen und erst wieder in den frühen 1990er-Jahren geöffnet.

Wir beginnen unsere Tour durch die Klamm und rund um den Klammsee hinter dem Krafthaus Hauptstufe, wo wir abschließend an einer Führung durch den 1952 in Betrieb genommenen Kraftwerksbau, in dem vier Generatorsätze jährlich 499 Millionen Kilowattstunden Strom erzeugen. Das Krafthaus Hauptstufe, das eineinhalb Kilometer südlich des Ortszentrums von Kaprun liegt, erreicht man zu Fuß, wenn man auf der linken Seite der Kapruner Ache zuerst auf der Schulstraße und im Weiteren auf dem Wiesenweg in südlicher Richtung bis zur Krafthausstraße geht. Auf dem Weg durch die Klamm mag man sich an den Ausspruch von Sigmund Thun-Hohenstein anlässlich eines Besuchs in Kaprun erinnern: „Tosend und mächtig strömen uns die Fluthen entgegen", wobei einschränkend hinzugefügt werden muss, dass die Fluten heute gesteuert werden, denn der Wasserstand des Klammsees und damit auch der Ablauf sind abhängig von der Menge des Wassers in den Seen der Limberg-, Mooserboden- und Drossensperre.

Auf den Mooserboden hinauf

Inmitten von elf Dreitausendern

- ■ **Tourcharakter:** Halbtagestour
- ■ **Ausgangs- und Endpunkt:** Kesselfall-Alpenhaus Parkplatz
- ■ **Weglänge:** 7 km
- ■ **Gesamtdauer:** 1,5 h vom oberen Ende des Schrägaufzugs
  bis zum Mooserboden
- ■ **Höhenunterschied:** 370 hm
- ■ **Besonderheit:** Gigantische Technik in grandioser Natur

Der in diesem Kapitel beschriebene Abschnitt umfasst den Oberpinzgau vom Felber Tauern im Westen bis zum Mooserboden im Osten. Fährt man diese Strecke auf dem Talboden ab, endet der Oberpinzgau an der Gemeindegrenze zwischen Niedernsill und Piesendorf. Hoch oben im Gebirge schaut die Grenzziehung aber ganz anders aus. Da sich die Gemeindegebiete von Niedernsill und Piesendorf nicht bis tief in hochalpines Gebiet erstrecken, sind das Stubachtal und das Kapruner Tal Nachbarn und die Zuordnung des Kapruner Tals zum Oberpinzgau ist wieder berechtigt. Da es im Kapruner Tal keinen Tauernübergang gibt, gilt das Kapruner Törl als östliche Verzweigung des Kalser Tauern durchaus als Ersatz. Dieser Übergang hatte allem Anschein nach aber nur eine kurze Blütezeit und wurde auch nicht in das 1873 erstellte Verzeichnis der Landestauernwege aufgenommen. Wenn man auf dem Mooserboden angelangt ist – immerhin schon auf einer Höhe von 2400 Metern – und die Felswände weiter hinaufschaut, sieht man sich von elf Dreitausendern umgeben, die sich wie mehrere Kaiserkronen zugleich in die Höhe recken. Im Westen schließt das Kitzsteinhorn den Reigen, im Osten das Große Wiesbachhorn, das vom Mooserboden aus über das Heinrich-Schwaiger-Haus bestiegen werden kann. Der mit 3564 Meter dritthöchste Berg der Glocknergruppe hat es in sich und ist nur etwas für erfahrene Alpinisten. Besonders trotzig zeigt sich dieser Berg an der Ost- und Südostflanke. Hier geht es sage und schreibe knapp 2500 Meter schroff hinunter. Ein Rekord in Sachen Höhenunterschied zwischen Gipfel und Tal. Nirgendwo sonst in den Ostalpen ist der Höhenunterschied größer. Das ist die eine Wirklichkeit des Kapruner Tals, in das bereits in den 1880er-Jahren Touristen und Sommerfrischler aus Zell am See mit gut gepolsterten „Sesselwagerln" von Pferden hinaufgezogen wurden oder im Hotel Kesselfall-Alpenhaus für die damalige Zeit sehr gediegen wohnten. Die zweite Wirklichkeit ist die der Stauseen, der Tauernkraftwerke Kaprun, wie das Unternehmen vor der Verschmelzung mit der Verbund AG hieß, und der Mythos von Kaprun, der noch lange von der nationalsozialistischen Rhetorik „lebte" und dem Glauben an die Zukunft der Zweiten Republik sehr viel Nahrung gab. Erste Pläne für die energiewirtschaftliche Nutzung des Tales wurden bereits in den 1920er-Jahren gemacht, zur Umsetzung fehlten aber die finanziellen Mittel. Nach dem Einmarsch der Nationalsozialisten in Österreich war es Hermann Göring persönlich, der am 16. Mai 1938 am Fuße des Maiskogels den Spatenstich für den Kraftwerksbau vornahm. Das Ausmaß der Propaganda übertraf das Maß der tatsächlichen Bautätigkeit um ein Vielfaches. Obwohl 4000 Kriegsgefangene und über 6300 Zwangsarbeiter während des Krieges im Einsatz waren – 120 von ihnen kamen dabei ums Leben – musste nach dem Krieg fast wieder bei Null begonnen werden. Erst als die Tauernkraftwerke Teil der Verbund AG waren, schaffte man es 2003, das Schicksal der Kriegsgefangenen und Zwangsdeportierten in Worte zu fassen. Die österreichische Literatur-Nobelpreisträgerin Elfriede Jelinek hat in ihrem Stück „Das Werk" eine Auseinandersetzung mit der Gigantomanie im technischen, ideologischen und menschenverachtenden Sinne versucht.

Das Geld für den Neubeginn nach dem Zweiten Weltkrieg stellte der Marshall-Plan zur Verfügung, und die Umsetzung lag an der Arbeitskraft von Tausenden Arbeitern, die in drei Schichten über viele Jahre hart geschuftet haben. 1951 konnte die Limbergsperre aktiviert werden, vier Jahre später die Mooserboden- und Drossensperre.

Unser halbtägiger Ausflug in den hochalpinen technischen Kosmos des Kraftwerks Kaprun beginnt beim Parkplatz des Kesselfall-Alpenhauses, wo wir in den Bus steigen, der uns bis auf eine Höhe von 1200 Metern bringt. Weiter geht es mit dem Schrägaufzug, einer Anlage aus dem Jahr 1941 mit der weltweit größten Spurweite von 8,5 Metern, die bei einer Steigung von 82 Prozent 431 Höhenmeter in sechs Minuten schafft. Weil die Anlage ziemlich in die Jahre gekommen ist, wurde bei der Sanierung in den Jahren 2013 und 2014 ein Großteil erneuert. Üblicherweise geht es mit Bussen weiter zum Mooserboden hinauf. Um das gigantische Talende auf uns wirken zu lassen, gehen wir über die Fürthermoar Alm zu Fuß bis zur Mooserbodensperre hinauf. Wir setzen unseren Ausflug im Inneren der Staumauer fort, die an der Sohle 70 Meter und in der Krone immerhin noch sieben Meter dick ist, und lassen uns erklären, dass die Berechnungen aus den 1940er-Jahren nichts an Gültigkeit verloren haben. Die im Voraus kalkulierten Schwankungsbreiten, innerhalb derer sich der Beton der Staumauer bewegen darf, wurden bis heute noch nie überschritten. Wieder im Freien genießen wir den Blick durch das Tal hinaus bis zur Schmittenhöhe über Zell am See.

18

Vom Maiskogel auf das Kitzsteinhorn

Wo sich im Winter die Skifahrer tummeln

- **Tourcharakter:** Tagestour
- **Ausgangs- und Endpunkt:** Maiskogelseilbahn Talstation
- **Weglänge:** 12 km
- **Gesamtdauer:** 5 h
- **Höhenunterschied:** 800 hm
- **Besonderheit:** Hochalpiner Wanderweg

Im Verhältnis zu den zentralen Dreitausendern der Glockner-gruppe steht der 1675 Meter hohe Maiskogel fast gemütlich vor der Haustüre Kapruns und hat sich vor allem als beliebtes Familienskigebiet einen Namen gemacht. Im Sommer eignet er sich vorzüglich als Aussichtsberg mit prächtigem Blick auf Zell am See und ins Salzachtal sowie als Ausgangspunkt für alpine Wanderungen in den Hohen Tauern. Das Kitzsteinhorn ist schon von Weitem zu sehen und durch das unterhalb des Gipfels liegende Schmiedingerkees auch leicht zu erkennen.

Das 1966 eröffnete Gletscherskigebiet steht synonym für den Wintersport-Boom in der Region und hat im November 2000 für traurige Schlagzeilen gesorgt, als bei einem tragischen Brand in der Tunnelstandseilbahn 155 Menschen ums Leben kamen. Zum Gedenken an die Opfer dieser Katastrophe wurde 2004 gegenüber der Gletscherbahn-Talstation eine Gedenkstätte errichtet.

Das Kitzsteinhorn bietet zwar ein Ganzjahres-Skigebiet, ist aber auch für Nicht-Skifahrer sehr attraktiv. Wie schön diese Bergwelt im Sommer ist – und das nicht nur auf die Aussicht bezogen – kann auf einer Wanderung vom Maiskogel bis zur Krefelder Hütte, die auf 2300 Meter, etwas unterhalb des Alpincenters, steht, auf dem Alexander-Enzinger-Weg erlebt werden.

Wir starten unsere Tour bei der Talstation der Maiskogel-Seilbahn und genießen, dass wir die ersten 800 Höhenmeter schwebend und in wenigen Minuten zurücklegen. Von der Bergstation wandern wir in Richtung „Jausenstation Glocknerblick" und genießen das Panorama der Glocknergruppe. Danach führt der Weg Nr. 5 weiter auf dem Grat, zuerst über die Drei-Wallner-Höhe, dann über die Schoppachhöhe und schließlich zur Stangerhöhe auf 2212 Meter. Anschließend verlassen wir den Grat und durchqueren auf grünen Wiesen das Grubalmkar bis zur Krefelder Hütte. Nach einer kurzen Rast steigen wir noch einmal auf, und zwar 150 Höhenmeter bis zum Alpincenter, wo wir die Gondel bis zur Bergstation auf 3029 Meter nehmen. Damit stehen wir auf dem höchsten Punkt des Pinzgaus und des Salzburger Landes, der für jedermann zu erreichen ist. In der umgebauten Bergstation befindet sich ein Kino, „Cinema 3000" genannt, und eine Nationalpark-Galerie. Besonders spektakulär ist allerdings die ebenfalls neu errichtete Aussichtsplattform mit fast schwindelerregenden Ausblicken. Nach der Talfahrt gehen wir von der Gletscherbahn-Talstation durch das Kapruner Tal bis zur Talstation der Maiskogelbahn zurück.

Seit der Eröffnung des Nationalparkzentrums in Mittersill 2007 präsentiert sich der Nationalpark mit der multimedialen Ausstellung „Nationalpark Erlebniswelten", in der die besondere Faszination dieses geschützten Natur- und Lebensraums vermittelt wird. Die Welt aus der Perspektive eines Adlers zu betrachten, den Murmeltier-Alltag aus nächster Nähe zu beobachten, in die Gletscherwelt einzutauchen, ehrfürchtig vor einem Lawinendom zu stehen – das alles und viel mehr lässt sich plastisch und unmittelbar erleben. Mit dieser Schau wird auch deutlich gemacht, wie wichtig der Schutz dieser sensiblen Hochgebirgslandschaft ist. Darüber hinaus spornt die Ausstellung an, sich das eine oder andere Naturphänomen vor Ort anzuschauen und die eigene Haltung zur Natur zu überdenken.

Der Weg war lang und steinig, bis aus dem ersten Schutzgedanken der Nationalpark Hohe Tauern entstanden ist. 1981 eingerichtet, bestand er 2006 schließlich die Reifeprüfung, als er von der Weltnaturschutzunion (IUCN) das Prädikat „Schutzgebiet der Kategorie II" verliehen bekam. Seither spielt er in derselben Liga wie der bereits 1872 gegründete Yellowstone-Nationalpark im Nordwesten der USA, der als Vater aller Nationalparks gilt. Der Nationalpark Hohe Tauern ist der erste in Österreich gegründete und gleichzeitig der größte Österreichs und in den Alpen. Das Schutzgebiet umfasst insgesamt 1836 Quadratkilometer, wovon auf das Land Salzburg etwa 70 Prozent entfallen, der Rest auf die Bundesländer Kärnten und Tirol. Der Pinzgauer Anteil erstreckt sich vom Krimmler Tauerntal im Westen über die Großvenediger- und Glocknergruppe bis zum Rauriser Tal im Osten. Nach wie vor sind 10 Prozent der Nationalparkfläche mit Gletschereis bedeckt.

Zu den Aufgaben des Nationalparks gehört es unter vielem anderen, die Inventarisierung zu komplettieren, wissenschaftliche Grundlagen für die Umsetzung internationaler Erfordernisse zu erarbeiten und den Klimawandel zu dokumentieren und zu interpretieren. Im Zentrum der Arbeit steht jedoch die wissenschaftliche Beobachtung, das Monitoring besonderer Tiere und Pflanzen über einen längeren Zeitraum, um Aufschlüsse über biologische Charakteristika zu erhalten. Medienwirksam im Mittelpunkt dieser Arbeiten stehen Adler, Bartgeier und Steinbock.

Wer im Nationalpark unterwegs ist, wird immer wieder auf die Ausschilderungen „Außenzone" und „Kernzone" stoßen und vereinzelt auch auf „Sonderschutzgebiete". Als Außenzonen sind jene Gebiete definiert, in denen Alm- und Landwirtschaft betrieben wird. Darüber hinaus gibt es Sonderschutzgebiete wie zum Beispiel das innere Untersulzbachtal im Oberpinzgau, für das besondere Bestimmungen gelten.

Nationalparks dienen ihrer Idee nach nicht nur dem Selbstzweck, sondern sind auch für die Öffentlichkeit zugänglich. Um das touristische Angebot in der Nationalpark-Region auf die besonderen Erfordernisse abzustimmen und die Infrastruktur entsprechend zu gestalten, wurde 2001 die Ferienregion Nationalpark Hohe Tauern GmbH gegründet, in der zum Beispiel die Marketing-Agenden der 19 beteiligten Gemeinden gebündelt sind.

Der ganze
See ist Bühne

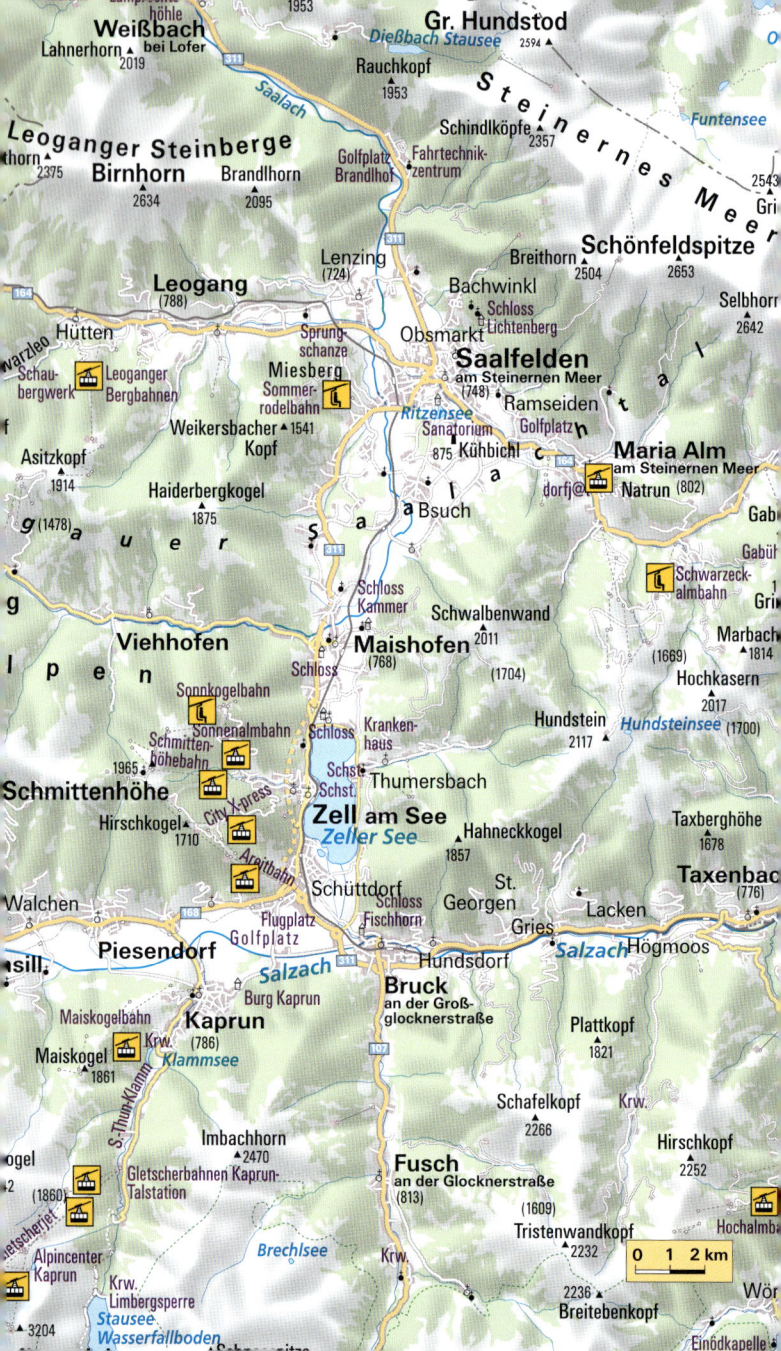

Weißbach
bei Lofer
Lahnerhorn
2019
Gr. Hundstod
2594
Dießbach Stausee
höhle
1953
Rauchkopf
1953
Saalach
Steinernes
Meer
Funtensee
Leoganger Steinberge
horn
2375
Birnhorn
2634
Brandlhorn
2095
Schindlköpfe
2357
Fahrtechnik-
zentrum
Golfplatz
Brandlhof
Schönfeldspitze
2653
2543
Gri

Lenzing
(724)
Breithorn
2504
Selbhorr
2642
Leogang
(788)
Bachwinkl
Schloss
Lichtenberg
Hütten
Sprung-
schanze
Obsmarkt
Saalfelden
am Steinernen Meer
(748)
Ramseiden
warzleo
Schau-
bergwerk
Leoganger
Bergbahnen
Miesberg
Sommer-
rodelbahn
Ritzensee
Sanatorium
875
Golfplatz
Maria Alm
am Steinernen Meer
Asitzkopf
1914
Weikersbacher
Kopf
1541
Kühbichl
dorfj@
Natrun
(802)
Gab

g (1478)
Haiderbergkogel
1875
Bsuch
a
c
h
Gabü
Schwarzeck-
almbahn
Gri

a
u
e
r
Schloss
Kammer
Schwalbenwand
2011
Marbach
1814

g
l
p
e
n
Viehhofen
Schloss
Maishofen
(768)
(1704)
Hochkasern
2017
Hundstein
2117
Hundsteinsee (1700)
(1669)

Sonnkogelbahn
Sonnenalmbahn
Schmitten-
höhebahn
1965
City X-press
Krankenhaus
Krw.
Schst.
Schst.
Thumersbach
Zell am See
Zeller See
Hahneckkogel
1857
Taxberghöhe
1678
Schmittenhöhe
Hirschkogel
1710
Areitbahn
Schüttdorf
Schloss
Fischhorn
St.
Georgen
Gries
Lacken
Taxenbac
(776)

Walchen
Piesendorf
Flugplatz
Golfplatz
Salzach
Salzach
Hundsdorf
Högmoos

sill.
Maiskogelbahn
Maiskogel
1861
Kaprun
(786)
Krw.
Klammsee
Burg Kaprun
Bruck
an der Groß-
glocknerstraße
Plattkopf
1821

Imbachhorn
2470
Gletscherbahnen Kaprun-
Talstation
Fusch
an der Glocknerstraße
(813)
Schafelkopf
2266
Hirschkopf
2252

ogel
(1860)
Brechlsee
(1609)
Tristenwandkopf
2232
Hochalmb
Hochalm

Alpincenter
Kaprun
Krw.
Limbergsperre
Stausee
Wasserfallboden
3204
Krw.
2236
Breitebenkopf
Wör
Einödkapelle

Rundum im Zeller Becken

Von oben schaut der 3,8 Kilometer lange und 1,5 Kilometer breite Zeller See wie eine Erdnuss aus, an deren Einkerbungen im Osten der Stadtteil Thumersbach liegt, während sich gegenüber auf der Westseite der Hauptort Zell am See auf einer kleinen Halbinsel in den See hinaus drängt. An der Spitze dieser Halbinsel steht das Grand Hotel, das zumindest in touristischer Hinsicht als das Wahrzeichen der Bezirkshauptstadt gilt. Diese lässt sich gern als Bergstädtchen apostrophieren, wobei damit aber nur die halbe Wahrheit transportiert wird. Denn was wäre die unvergleichliche Kulisse ohne den See, um den sich gleich vier Gebirgszüge mit Zacken, Spitzen und sanften Matten gruppieren. Im Westen ist es die Schmittenhöhe, der Zeller Hausberg, der den Tiroler Schieferalpen zuzurechnen ist. Ihm fügt sich im Norden das Steinerne Meer an, und weiter im Osten wird der Reigen vom Salzburger Schiefergebirge mit dem Hundstein fortgesetzt. Aus südlicher Richtung grüßt so erhaben wie schneefreudig das Kitzsteinhorn herunter.

Als in der zweiten Hälfte des 19. Jahrhunderts die Berge als Reiseziel in Mode kamen und mit ihnen ein Publikum, das sich reisefreudig und unternehmenslustig gab, war Zell am See, das diesen Namen erst seit 1810 trägt, rasch zu einem der beliebtesten Ziele in Österreich geworden. Und der Ort reagierte schnell, baute Hotels, nahm das erste Dampfschiff in Betrieb, gründete 1906 einen Skiclub und errichtete 1927 die erste Luftseilbahn auf die Schmittenhöhe. Ehe es soweit war, ließ sich das großstädtische bürgerliche Publikum in bestens gepolsterten Pferdewagen hinaufziehen. Die Eröffnung der Westbahnstrecke 1875, damals Giselabahn nach der zweiten

Tochter des Kaiserpaares benannt, brachte viel Kundschaft, obwohl es viele Zeller lieber gesehen hätten, wäre die neue Bahntrasse am Ostufer des Sees auf der Thumersbacher Seite errichtet worden.

Touristen kommen und gehen, Sommerfrischler bleiben in der Regel länger, meist sogar den ganzen Sommer über, mieten oder kaufen sich Häuser und Wohnungen oder werden gar ansässig. Ein berühmtes Beispiel dafür ist Ferdinand Porsche, der 1942 im Zuge einer Zwangsversteigerung das Schüttgut im Zeller Stadtteil Schüttdorf erwarb, wo er in der hauseigenen Kapelle neben Sohn Ferry und Tochter Louise bestattet liegt. Die Erfolgsgeschichten von VW in Wolfsburg, Porsche in Stuttgart und Audi in Ingolstadt haben die Familien Porsche und Piëch zu Großgrundbesitzern in und um Zell am See gemacht. Mit Schloss Prielau und dem Erlhof seien nur zwei der vielen Anwesen genannt, die im Besitz von Porsche- oder Piëch-Nachkommen sind.

Die Ursprünge Zell am Sees gehen auf eine bajuwarische Siedlung, der ältesten im Pinzgau, zurück. Cella in bisonzio, mit „Zelle im Pinzgau" zu übersetzen, wurde 743 n. Chr. gegründet. Der für den Pinzgau außergewöhnliche Turm der dem heiligen Hippolyt geweihten Stadtpfarrkirche und der Kastner- oder Vogtturm sind die ältesten und zugleich markantesten Bauwerke der Stadt. Zu ihnen gesellt sich noch Schloss Rosenberg, in dem heute die Stadtverwaltung untergebracht ist und das im ausgehenden 16. Jahrhundert von der Gewerkenfamilie Rosenberger erbaut wurde.

Bald nach dem Abzug der US-amerikanischen Besatzungstruppen setzte der Tourismus wieder ein, aus dem schnell ein Massentourismus wurde, der die Zeit des Austrofaschismus, des Nationalsozialismus und des Zweiten Weltkrieges rasch in Vergessenheit geraten ließ. Dabei hätte der Pinzgau als „NS-Vorzeigegau" samt seiner Hauptstadt sehr gute Gründe gehabt, sich mit den braunen Jahren und dem Krieg verstärkt auseinanderzusetzen. Der Nationalsozialismus hatte im Pinzgau von Anfang an und auch während der Zeit, als er verboten war, einen besonders nahrhaften Boden gefunden, was zum einen in der Grenzlage zum Deutschen Reich und zum anderen in einer prekären Sozialstruktur begründet sein mag. In den Zwischenkriegsjahren hatte die Landwirtschaft mit großen wirtschaftlichen Problemen zu kämpfen, was auch die vielen Landarbeiterinnen und Landarbeiter deutlich zu spüren bekamen. In diesem Zusammenhang wird häufig vom ländlichen Subproletariat gesprochen. Jedenfalls war der Bezirk Zell am See von österreichweit 110 Bezirken an vierter Stelle gereiht, was die Zahl der NSDAP-Mitglieder betraf.

Mit der Gründung der „Europasportregion Zell am See Kaprun", an der sich auch Saalbach eine Zeit lang beteiligte, wurde Mitte der 1960er-Jahre ein entscheidender Schritt in die touristische Zukunft getan. Seilbahnen, Lifte, Hotels und viele andere touristische Infrastrukturen wurden geschaffen oder erweitert. Die Kooperation besteht bis heute.

19

Kulturspaziergang durch Zell am See

Alte Türme, enge Gassen

- ■ **Tourcharakter:** Halbtägiger Ausflug
- ■ **Ausgangs- und Endpunkt:** Stadtplatz Zell am See
- ■ **Weglänge:** 1,5 km
- ■ **Gesamtdauer:** 2 h
- ■ **Besonderheit:** Schöner Stadtkern mit 360 Grad Bergpanorama

Viel Platz ist nicht zwischen dem See und den Ausläufern der Schmittenhöhe, deshalb ist der Stadtkern auch sehr eng verbaut. Mit Ausnahme des Stadtplatzes sind die Wege schmal und die Häuser stehen eng beieinander. Wie es sich für einen Tourismusort gehört, prägen Hotels und stattliche Gasthöfe das Bild. Von den maßgeblichen Hotelbauten der Jahrhundertwende ist nur das Grand Hotel übrig geblieben, und hier auch nicht die originale Bausubstanz, denn Anfang der 1980er-Jahre wurde das Grand Hotel bis auf die Grundmauern abgetragen und neu aufgebaut, wobei der Fassadencharakter erhalten bleiben musste. Als architektonisch markantester Bau der letzten Jahre gilt das Ferry Porsche Congress Center, das sich mit den zwei in sich verschränkten Kuben von der Bahnhofstraße bis zur Brucker Bundesstraße heraufzieht.

Wir beginnen unseren Spaziergang durch das Zentrum von Zell am See vor dem Brunnen auf dem Stadtplatz. Südwestlich davon steht das Hauptgebäude der Bezirkshauptmannschaft, das in einem Haus untergebracht ist, dessen Ursprünge in das ausgehende 15. Jahrhundert zurückreichen. Es diente seit 1606 als Amtshaus der Pfleger und Landrichter. Nur ein paar Meter davon entfernt steht der sich in seinem Äußeren martialisch zeigende Kastner- oder Vogttum, der zu den ältesten Gebäuden der Stadt zählt und dessen Mauern aus Findlingen, die der Schmittenbach angeschwemmt hat, gebaut wurden. Es gibt Vermutungen, die darauf hindeuten, dass der Turm ursprünglich als Wehrturm für das 748 n. Chr. errichtete Kloster gebaut worden war. Heute sind im Innern des Kastnerturms auf vier Stockwerken das Heimatmuseum und das Stadtarchiv untergebracht.

Am südöstlichen Ende des Stadtplatzes steht die in ihrem Kern romanische Stadtpfarrkirche. Im Innenraum gibt sich die dreischiffige Kirche heute neugotisch, nachdem 1898 alle barocken Elemente radikal entfernt wurden. Auch das ursprüngliche Kreuzrippengewölbe wurde schon sehr früh abgeschlagen und letztendlich durch eine flache Holzdecke ersetzt. Ein kulturhistorisches Juwel nicht nur der Stadt, sondern des ganzen Pinzgaus ist zweifellos die prachtvoll gestaltete Empore, die auf vier Säulen aus feinstem Untersberger Marmor ruht. Der Turm der Stadtpfarrkirche gilt neben dem Grand Hotel als das unverwechselbare Wahrzeichen der Stadt. Der fünfgeschoßige Turm mit Satteldach und Treppengiebel ist 36 Meter hoch und für die Kirchenbauten in der Gegend eher untypisch.

Von der Kirche gehen wir an der Ostseite des Platzes die Kirchgasse zurück, biegen bei der zweiten Kreuzung in die Seegasse ein und queren die Gleise der Westbahn. Vor dem Grand Hotel geht es rechts zur Esplanade, auf der wir dann in südlicher Richtung schlendern, bis wir zu einem Bahnübergang kommen. Auf dem Weg dahin genießen wir den Blick zum Kitzsteinhorn hinauf. Beim Bahnübergang kreuzen wir die Trasse der Westbahn und anschließend die Salzmanngasse und gehen dann auf der Apothekergasse in Richtung Bahnhofstraße, überqueren diese und folgen dem Weg am Ferry Porsche Congress Center vorbei zur Brucker Bundesstraße, wo wir auf der gegenüberliegenden Straßenseite schon Schloss Rosenberg sehen. Der von der Gewerkenfamilie Rosenberger erbaute Ansitz ist in der für Zeit und Land typischen Architektur erbaut: fast quadratisch, viergeschoßig und mit Eck-Erkern versehen. Neben der Stadtverwaltung ist auch eine Galerie untergebracht. Bevor wir am Postplatz unter der Straße hindurchgehen, denken wir kurz an einen schönen heißen Sommertag vor der Jahrtausendwende zurück, als es noch keinen Umfahrungstunnel gab und sehen die Autoschlangen vor uns, wie sie sich durch das schmale Nadelöhr an der Nordseite des Postplatzes zwängen. Die Freude ist groß, dass das Schnee von gestern ist. Durch die Lebzeltergasse schlendern wir zum Stadtplatz zurück.

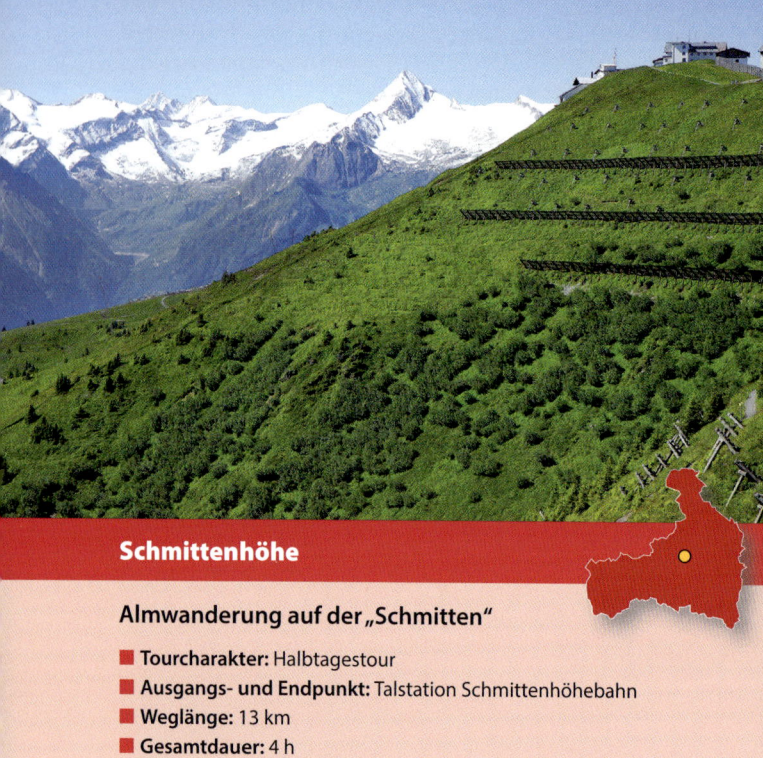

20

Schmittenhöhe

Almwanderung auf der „Schmitten"

- **Tourcharakter:** Halbtagestour
- **Ausgangs- und Endpunkt:** Talstation Schmittenhöhebahn
- **Weglänge:** 13 km
- **Gesamtdauer:** 4 h
- **Höhenunterschied:** 150 hm
- **Besonderheit:** Blick zu den Stauseen im Kapruner Tal

Der Gipfel der Schmittenhöhe befindet sich auf 1968 Meter und bietet einen famosen Blick auf den See und die Lage der Stadt zwischen Berg und Wasser. Mindestens ebenso grandios ist der Blick auf die Hohen Tauern, insbesondere ins Kapruner Tal zu den Stauseen. Die Entdeckung der „Schmitten", wie sie von den Einheimischen kurz genannt wird, als Sport-

und Ausflugsberg ist aufs Engste mit der Entwicklung Zell am Sees als Ort der Sommerfrische und des noch jungen Wintersports verbunden. Unter den 17.000 „Fremden", die in der zweiten Hälfte der 1880er-Jahre den Sommer über nach Zell kamen, war 1885 auch Elisabeth, die österreichische Kaiserin und Königin von Ungarn. Anders als die meisten Städter, die sich auf dem Plüschsofa im „Sesselwagerl" von Pferden auf den Berg ziehen ließen, absolvierte Sissi die Tour zu Fuß und in aller Herrgottsfrühe, um auf dem Gipfel den Sonnenaufgang zu erleben. Just an dieser Stelle ließ die Hotelierfamilie Haschke eine kleine Holzkapelle in Erinnerung an die in Genf ermordete Kaiserin errichten. Sie wurde am 10. September 1907 eingeweiht – Kirchenpatronin ist die heilige Elisabeth von Thüringen. Auch der Kaiser war auf der Schmitten, er kam acht Jahre später, nutzte die Pferdewagerl und übernachtete im Berghotel.

Wir starten unsere Schmittentour für Eilige und weniger Sportliche bei der Talstation der 1927 eröffneten Seilbahn. Oben angekommen, genießen wir den Rundblick und orientieren uns für die Wanderung zur Hochsonnbergalm nach dem Wanderweg Nr. 68. Zuerst geht es ein kurzes Stück entlang des Sissi-Rundwegs, dann biegen wir rechts in Richtung zur Hochzeller Alm ab. Dort nehmen wir vis à vis der Hütte den Weg, der in nordwestlicher Richtung zur Kettingalm abzweigt.

Wir befinden uns auf dem sogenannten „Pinzgauer Spaziergang", der in westlicher Richtung bis unter den Geißstein oberhalb Stuhlfeldens führt. Nach einer guten Stunde kommen wir an der Pinzgauer Hütte vorbei und nach einer weiteren halben Stunde sind wir am Ziel. Die auf 1841 Meter gelegene Hochsonnbergalm ist eine große bewirtschaftete Alm im Gemeindegebiet von Piesendorf, von der es einen Abstieg nach Walchen gibt, dem westlich vom Hauptort Piesendorf gelegenen Ortsteil. Wir gehen denselben Weg zurück und freuen uns dabei ein weiteres Mal über die schönen Ausblicke – diesmal in die nordöstliche Richtung.

21

Jagasteig auf der Areit

Wenn die Kinder die Eltern mitnehmen

- ■ **Tourcharakter:** Kurze Halbtagestour, auch mit kleinen Kindern
- ■ **Ausgangs- und Endpunkt:** Lokalbahnhof Zell am See
- ■ **Weglänge:** 3 km
- ■ **Gesamtdauer:** 2,5h
- ■ **Höhenunterschied:** 70 hm
- ■ **Besonderheit:** Lustige Erlebnisstationen

Schüttdorf ist ein südlicher Stadtteil von Zell am See, der in den vergangenen Jahrzehnten stark angewachsen und das Musterbeispiel eines klassischen Vororts mit Großkreuzung, Tunneleinfahrt und einem überdimensionierten Einkaufszentrum ist. Nebenbei liegt hier auch die Talstation der auf die Schmittenhöhe führenden Areitbahn, wo wir bis zur Bergstation der Sektion I fahren. Schaut man von der Talstation nach rechts und leicht bergan, sieht man das Schüttgut stehen, den Pinzgauer Landsitz des Porsche-Clans, derzeit im Besitz von Wolfgang Porsche.

Wir beginnen unsere Familienwanderung beim Lokalbahnhof in Zell am See, wo wir in die Pinzgauer Lokalbahn steigen und bis zur Station Schüttdorf-Areitbahn fahren, die wir nach einer kurzen Fahrzeit von fünf Minuten erreicht haben. Danach überqueren wir die Straße und gehen ein paar Schritte zur Talstation. Wenige Minuten später sind wir schon auf der 1400 Meter hoch gelegenen Bergstation der Areitbahn I angekommen. Wir verlassen die Station in östlicher Richtung und gehen anfangs eine kurze Strecke steil bergauf. Die weitere Wegstrecke führt fast auf der gesamten Länge durch den Wald und geht abwechslend leicht bergauf und bergab.

Kein Erlebnisberg ohne Maskottchen: Das Schmitten-Maskottchen heißt Schmidolin und ist auch der Namensgeber für den im Sommer 2010 eröffneten Wander- und Erlebnisweg, der vor allem wander- und bergbegeisterte Familien mit kleineren Kindern anspricht. Deshalb geht es auf dem Waldweg auch nicht so sehr um die Aussicht, als vielmehr darum, auf den einzelnen Erlebnisstationen Mut und Geschick zu beweisen. Elf Stationen liegen auf der Strecke zwischen den Bergstationen der Areitbahn beziehungsweise des CityXpress, mit dem wir später ins Tal zurückfahren und fast mitten im Zentrum von Zell am See aussteigen.

Neben der Geschicklichkeit geht es bei den einzelnen Stationen auch um das richtige Quäntchen Glück, denn es sind so viele Feuersteine wie möglich einzusammeln, die braucht Schmidolin nämlich, um die Kunst des Feuerspeiens zu erlernen. Selbstverständlich gibt es zwischendurch auch zwei Fotopoints, eine Raststation und sogar eine Spielestation, wenn die Erlebnisse in der Natur zu anstrengend und aufregend werden. Die Spielepässe sind jeweils bei den Talstationen der beiden Bahnen erhältlich.

Vom Ende des Erlebnisweges bis zur Bergstation des CityXpress sind noch weitere zehn Minuten zu gehen. Der Weg von der Talstation bis zum Bahnhof zurück führt uns über den Stadtplatz.

22

Ranggeln auf dem Hundstein

Sieger ist der „Hogmoar"

- **Tourcharakter:** Tagestour
- **Ausgangs- und Endpunkt:** Parkplatz am Ende des Thumersbachtals
- **Weglänge:** 18 km
- **Gesamtdauer:** 6 h
- **Höhenunterschied:** 1100 hm
- **Besonderheit:** Von mehreren Orten aus zu besteigen

Wenn an einem Sonntag rund um den Jakobitag, der am 25. Juli gefeiert wird, mehrere tausend Menschen auf unterschiedlichen Wegen auf den Hundstein unterwegs sind, dann heißt es für ein paar Dutzend junger Burschen und Männer wieder „Ring frei!". Dann wird „geranggelt", bis der „Hogmoar" feststeht, der dann als Landessieger gilt. Beim „Ranggeln" handelt es sich um einen ländlichen Kampfsport, der heutzutage nach festgelegten Regeln, in vorgeschriebener Kleidung und unter Aufsicht eines Schiedsrichters ausgeübt wird. Über die Entstehung des Ranggelns ist relativ wenig bekannt, wohl auch deshalb, weil das Wissen darum meist nur mündlich weitergegeben worden ist. Erste Darstellungen und Beschreibungen dieses Kampfes gehen auf das beginnende 16. Jahrhundert zurück. Es ist davon auszugehen, dass früher beim Ranggeln tatsächlich ein Kampf ausgetragen wurde, ganz früher wohl sogar einer auf Leben und Tod. Da der Jakobitag als Almfeiertag gilt, waren es überwiegend Senner, die beim Ranggeln ihre Kräfte gemessen haben und dabei auch die eine oder andere Grenzstreitigkeit bereinigt haben. Der Sieger konnte den zukünftigen Grenzverlauf bestimmen. Im Jahre 2010 wurde das Ranggeln in die internationale Liste des immateriellen UNESCO Kulturerbes eingetragen.

Wir beginnen unsere Tour in die Ranggelarena auf dem Hundstein am Ende des Thumersbachtales, beim Wandererparkplatz in der Nähe des Gasthofs Waldheim, wo wir in östlicher Richtung in den Wandersteig Nr. 80, den Hundsteinweg, einbiegen, der nach einer kurzen, fast ebenen Strecke dann ziemlich schnell in Serpentinen ansteigt. Nach dem Überqueren der Forststraße folgen wir dem Waldpfad eine knappe Stunde, bis wir zu einer größeren Schneise mit Blick auf den Zeller See kommen. Danach geht es wieder in den Wald hinein und der Weg wird steiler. Eineinhalb Stunden später haben wir die auf 1663 Meter gelegene Stoffenalm und die Rupertihäuser erreicht. Hier ist das Gelände etwas flacher, und wir steuern bereits auf den Ochsenkopf zu. Nachdem wir den Sattel unterhalb des Ochsenkopfes erreicht haben, sehen wir den 2117 Meter hohen Hundstein mit dem Statzerhaus vor uns, wo sich am Jakobitag die Ranggler und ihre vielen Fans zum Wettkampf treffen. Auf der letzten Etappe genießen wir vor allem die spektakuläre Aussicht auf die Leoganger Steinberge und das Steinerne Meer.

Auf dem Gipfel des Hundsteins treffen die Gemeindegrenzen von Zell am See, Maria Alm, Bruck und Taxenbach zusammen. So viele Grenzen über den Hundstein verlaufen, so viele Wege führen auch auf diesen höchsten Berg des Salzburger Schiefergebirges und wieder zurück ins Tal.

23

Mit dem Fahrrad um den Zeller See

Vier Gebirge und ein Schloss

- **Tourcharakter:** Halbtagesausflug – Radwanderung 🚲
- **Ausgangs- und Endpunkt:** Dorfplatz in Thumersbach
- **Weglänge:** 12 km
- **Gesamtdauer:** 4 h
- **Besonderheit:** Strandbäder locken zum Sprung ins Wasser

Wir starten mit der Radtour um den See in Thumersbach beim Lohninghof. Dieses Anwesen war über viele Jahrhunderte das Herzstücks Thumersbachs und wurde 1140 n. Chr. erstmals urkundlich erwähnt, als es dem Kloster St. Peter in der Stadt Salzburg gespendet wurde. Als der Gastbetrieb Ende der 1990er-Jahre in eine Wohnanlage umgewandelt werden sollte, war der Widerstand in der Bevölkerung so groß, dass ihn die Stadtgemeinde erwarb und daraus ein Kulturzentrum machte. Der Tradition entsprechend wurde im Parterre ein Restaurant eingerichtet. Der Reiz dieser Tour um den See besteht darin, dass je nach Himmelsrichtung ein anderer Gebirgszug die Kulisse bestimmt. Wenn wir in südlicher Richtung auf der Seeuferstraße unterwegs sind, geht der Blick über den See zu den Kitzbüheler Alpen mit der Schmittenhöhe im Vordergrund. Zugegeben, im Hochsommer bei viel Autoverkehr kann die

Freude am Fahren auf diesem Abschnitt etwas getrübt sein. Wo der Schwemmkegel des Thumersbachs endet, steht auf der linken Seite das Hotel Bellevue, erbaut im Stil der vorletzten Jahrhundertwende, während sich auf der Seeseite Häuser und Badeplätze aneinanderreihen. Hier haben sich seit Anfang des 20. Jahrhunderts die Sommerfrischler niedergelassen – die einen vorübergehend, die anderen für immer. Unter ihnen waren auch der ehemalige Salzburger Landeshauptmann Franz Rehrl und der Dichter Stefan Zweig, der in dem kleinen Holzhaus den Großteil seiner viel beachteten Biografie über Marie Antoinette geschrieben hat. Etwa einen Kilometer weiter liegt zur Linken auf der Bergseite der Erlhof, ein Landsitz, der heute als Hotel geführt wird und zum Immobilienbesitz der Familie Piëch gehört. Zu Beginn des 19. Jahrhunderts war der Erlhof Sommersitz der Familie Whitehead, die ihr Geld mit Entwicklung und Bau von Schiffstorpedos machte. Agathe Whitehead, die Tochter des Hauses, war mit Georg Ritter von Trapp verheiratet, dem Vater der später berühmt gewordenen Trapp-Familie. Vor der Emigration 1938 verbrachte die Familie viele Sommer auf dem Erlhof. Ein paar hundert Meter weiter, in der Nähe des Campingplatzes Erlberg ist ein kleiner Rast- und Aussichtsplatz mit Bänken und Bäumen eingerichtet.

Am Südende des Sees radeln wir auf dem Thomas-Bernhard-Weg quer durch das 200 Hektar große Naturschutzgebiet Zeller Moos, das sich durch eine spezifische Flora und Fauna auszeichnet. So befindet sich hier der einzige Brutplatz des Schwarzkehlchens im Salzburger Land, und für die ursprünglich im Norden der USA und Europas angesiedelten Eiderente ist es sogar der einzige Brutplatz in Mitteleuropa. Wo das Moos an die Zeller Ortschaft Schüttdorf grenzt, mündet der Thomas-Bernhard-Weg in die Karl-Vogt-Straße. Vorbei am Jugendzentrum und am Windsurfcenter kommen wir wieder direkt an das Seeufer. Auf der Elisabethpromenade radeln wir in Richtung Zell am See, umrunden auf der Esplanade den mächtigen Schuttkegel des Schmittenbaches, kommen am Grand Hotel vorbei und sehen vor uns das Steinerne Meer. Auch auf diesem Abschnitt – wir befinden uns mittlerweile auf der Prielaupromenade – gibt es zwischen dem Bergrücken und dem See neben dem Rad- und Fußweg nur Platz für Straße und Bahntrasse. Etwa in der Mitte des Nordufers schauen wir, bevor wir beim Yachtclub links in die Hofmannsthalstraße einbiegen, nach Süden auf die Hohen Tauern und zum Kitzsteinhorn. Unser nächstes Ziel ist Schloss Prielau, das charmante und fast etwas verwunschen wirkende ehemalige Jagdschloss der Bischöfe von Herrenchiemsee, das heute als Hotel und Gourmetrestaurant geführt wird und im Besitz von Wolfgang Porsche steht. Er hatte das Anwesen in den 1980er-Jahren von den Nachfahren Hugo von Hofmannsthals erworben und es eine Zeit lang auch selbst bewohnt. Die kulinarische Welt von Prielau besteht neben der Gourmetküche von Andreas Mayer aus einem bodenständigen Angebot, das auch auf der idyllisch gelegenen Terrasse serviert wird.

Vom Schloss Prielau radeln wir auf der Hofmannsthalstraße zurück und biegen links in den Radweg ein, der in östlicher Richtung bis zum Krankenhaus führt. Jetzt geht der Blick auf die sanften Abhänge der Salzburger Grasberge und unsere Tour zum Ausgangspunkt zurück.

In der Schlossküche von Prielau warten eine kleine, feine Mittagskarte, Snacks und Kuchen auf hungrige Radfahrer und Wanderer. Ob in der gemütlichen Stube mit Erinnerungsstücken an die Familie Hofmannsthal oder auf der märchenhaft schönen Terrasse, in Prielau ist jeder sein eigener Schlossherr – zumindest für die Länge eines Kaffees.

Schloss Prielau, Hofmannsthalstraße, 5700 Zell am See, Tel. 06542/72 911-0, info@schloss-prielau.at, www.schloss-prielau.at

Anton-Faistauer-Weg in Maishofen

Einem Künstlerleben auf der Spur

- ■ **Tourcharakter:** Halbtägiger Spaziergang
- ■ **Ausgangs-und Endpunkt:** Dorfplatz, Gasthof Post
- ■ **Weglänge:** 8 km
- ■ **Gesamtdauer:** 4 h
- ■ **Höhenunterschied:** 240 hm
- ■ **Besonderheit:** Wettstreit zwischen Kunst und Natur

Anton Faistauer wurde „der Maler des schönen Daseins" genannt. Zu dieser Charakterisierung brachte er es, weil er in der sinnlichen Kraft der Farben über weite Strecken seiner künstlerischen Entwicklung das bevorzugte Ausdrucksmittel fand. So war es nur konsequent, dass er sich auch in einer Traditionslinie mit den großen Farbkünstlern der vergangenen Jahrhunderte sehen wollte. Faistauer konnte sich aber auch nicht dem Aufbruch in die Moderne verschließen. Er blieb zwar ein gemäßigter „Neuerer", wurde aber dennoch zum Wortführer der aufbrechenden österreichischen Moderne. Gemeinsam mit Egon Schiele, Anton Kolig und Franz Wiegele verließ er 1909 die Wiener Akademie, und zwar aus Protest über den antiquierten Lehrbetrieb, und gründete die „Neukunstgruppe". Auch in dem 1923 erschienenen Buch „Neue Malerei in Österreich" stellte er das Sensuelle der Farben über den ausufernden Intellektualismus und den damit einhergehenden Traditionsverlust. In der späteren Schaffensperiode standen groß angelegte Fresko-Arbeiten in

der Pfarrkirche Morzg und die Freskierung des Foyers im seiner-
zeitigen Kleinen Festspielhaus und heutigen Haus für Mozart
im Mittelpunkt des Schaffens. Vor allem das große allegorische
Programm des Freskenzyklus im Festspielhaus verschaffte ihm
Anerkennung und Bekanntheit weit über Österreich hinaus. So
wie Faistauer im Künstlerischen um einen inneren Ausgleich
zwischen ästhetischen Positionen rang, so versuchte er auch
seinen Konflikt zwischen ländlicher Herkunft, dem Leben auf
dem Land und einer Künstlerexistenz in der Großstadt, wenn
schon nicht aufzulösen, so doch zu minimieren.

Anton Faistauer wurde am 14. Februar 1887 auf dem Gut Grubhof in St. Martin bei Lofer geboren und starb am 1. Februar
1930 in Wien. Zum 80. Todestag hat die Gemeinde Maishofen,
wohin die Familie 1890 gezogen war, an biografisch markanten und für sein Schaffen wichtigen Plätzen Tafeln aufstellen
lassen, die Aufschluss über sein Leben, sein persönliches und
künstlerisches Umfeld sowie über die künstlerische Auseinandersetzung mit der Landschaft des Mitterpinzgaus geben.

Wir beginnen unsere Kunst- und Kulturwanderung vor dem
Gasthof Post, den Faistauers Vater 1890 nach dem Verkauf
des Gutes Grubhof bei St. Martin erworben hatte, und gehen
über den Dorfplatz, wo an die Schulzeit Faistauers in Maishofen erinnert wird. Das Thema auf der Tafel vor der Kirche ist
der „Salzburger Votivaltar", der dort als Dauerleihgabe des
Museums der Moderne Salzburg aufgestellt ist und als eines
seiner persönlichsten Werke gilt. Wie lange er hier verbleibt,
ist noch nicht geklärt. Mit den Arbeiten dazu begann Faistauer
im Sommer 1914, um nicht gleich nach Ausbruch des Ersten
Weltkrieges einrücken zu müssen. Die Tafel vor dem Friedhof
verweist auf das Grab des Künstlers, dessen Kreuz nach einem
Entwurf des Architekten Clemens Holzmeister gestaltet wurde.

Vom Friedhof gehen wir in nördlicher Richtung zur Saalach, wo
Faistauers Ästhetik der Landschaftsmalerei thematisiert wird.
Dazu heißt es, dass es stets nur ein paar Stoffe und Farben sind,

die für eine Landschaft prägend wirken, die durch den Zierat von Bäumen und Häusern ergänzt werden. Danach gehen wir wieder in Richtung des Ortes, biegen auf die Kammererstraße ab und gehen in östlicher Richtung auf Schloss Kammer zu, einem traditionellen Landgasthof, in dem großes Augenmerk auf gute Pinzgauer Hausmannskost gelegt wird. Von dort führt uns der Weg Richtung Schloss Prielau in südwestlicher Richtung über den Ortsteil Mayrhofen, wo eine Tafel steht, auf der Faistauers Verhältnis zum Leben auf dem Land beleuchtet wird. Hugo von Hofmannsthal, dessen Ehefrau Gerti Schloss Prielau 1936 erwarb, besuchte Faistauer 1913 in seinem Wiener Atelier und zeigte sich tief beeindruckt von der Kraft seiner Farbensprache. Die Bilder hätten wie Musik auf ihn gewirkt und die Töne seien noch lange nachgeklungen. Die Freundschaft blieb bis zum Tod Faistauers erhalten.

Von Schloss Prielau spazieren wir in nordwestlicher Richtung bis zum Bahndamm, gehen unter diesem hindurch und weiter auf dem schmalen Wiesenweg bis zum Schloss Saalhof, wo Faistauers großes Vorbild Cézanne zu Wort kommt. Die große Herausforderung der Impressionisten bestehe darin, vor der Natur noch Fantasie zu haben. Der letzte Abschnitt zur Stablbergkapelle, die Faistauer 1909 mit Fresken schmückte, führt von Schloss Saalhof in nördlicher Richtung zur Saalach und an dieser entlang in westlicher Richtung bis Harham, von wo am linken Ufer der Weg zur Sausteige hinaufgeht.

Der Landgasthof Schloss Kammer ist ein gemütlicher Treffpunkt für Liebhaber der ursprünglichen österreichischen Küche. Verarbeitet werden ausschließlich Produkte aus der Region, der eigenen Landwirtschaft und dem Hausgart'l. Die gediegene Atmosphäre der historischen Gaststuben lädt zum entspannten Verweilen und Genießen ein.

Landgasthof Schloss Kammer,
Kammererstraße 22, 5751 Maishofen, Tel. 06542/68 202, schloss.kammer@sbg.at, www.schlosskammer.at

Auerspergstraße 11 in Zell am See: Diese Adresse muss man sich nicht merken – die, war man einmal dort, prägt sich ganz von selbst ein. Es ist ein Zaubertrick der Evolution, dass das Schöne und Angenehme auch in der Erinnerung den Sieg über das Dunkle davonträgt, es sich in unserem privaten Gedanken-Archiv eingerichtet hat und stets für uns abrufbar ist. Deshalb vergessen wir auch den Salzburgerhof, der zu obiger Adresse gehört, nie mehr – und zum Salzburgerhof gehört Gisela Holleis, die Grande Dame der Zeller Hotellerie. Alles, was das heutige Familienunternehmen ausmacht

und auszeichnet, hat hier seinen Anfang genommen. Die Holleis-Gruppe ist mit 350 Mitarbeiterinnen und Mitarbeitern neben der Schmittenhöhebahnen AG das größte Unternehmen der Stadt. Zu ihr gehören neben dem Salzburgerhof und dem Grand Hotel auch das Weißsee-Skigebiet samt Berghotel Rudolfshütte, eine Hotelanlage am Gardasee und das Hotel Miramar in Opatija.

Was Mitte der 1960er-Jahre als kleine Frühstückspension auf Leibrente begann, ist heute ein Leitbetrieb der Region, dekoriert mit 5 Sternen, 2 Hauben von „Gault Millau" und 4 Lilien von „Relax" für Angebot und Ausstattung des Hotel-Spa. Was das Hotel so angenehm wie sympathisch macht, ist die ausgewogene Mischung aus zeitloser Eleganz, kontinuierlicher Erneuerung und dem unvergleichlichen Esprit der Marke Gisela Holleis, der jeden Gast zum sprichwörtlichen König erhebt.

Als die amerikanischen Besatzungssoldaten Anfang der 1950er-Jahre aus dem verwahrlosten Grand Hotel auszogen, hatte Gisela Holleis nach ersten touristischen Erfahrungen beim Zeller Tourismusverband zwar bereits ein eigenes Reisebüro eröffnet, aber sicher keinen auch noch so kleinen Gedanken daran verschwendet, dass das auf einer Halbinsel in den See ragende Hotel nach vielem Auf und Ab einmal zum eigenen Familienunternehmen gehören würde. Aber vielleicht war es ja um diese Zeit, dass der Keim für den Wunsch, dass es einmal so sein möge, gelegt wurde. Damals galt ihre Liebe jedenfalls noch Paris, wohin sie im Herbst zog, wenn das Reisebüro nach der Sommersaison geschlossen wurde. Gemeinsam mit ihrem um sieben Jahre jüngeren Bruder Walter Posch warb sie in der Stadt an der Seine für den Wintersport in Zell am See und brachte junge Franzosen waggonweise zum Skifahren in den Pinzgau. Unweit des Salzburgerhofs hat Walter Posch mit seiner Familie den Tirolerhof aufgebaut, der heute von seinem Sohn Christian geführt wird.

An der Seite von Gisela Holleis steht ihr Mann Wilhelm, von Beruf Bauingenieur und langjähriger Leiter des Stadtbauamtes von Zell am See. Er ist darüber hinaus auch der private Haus- und Hofarchitekt und – Pioniergeist stachelt an – der Initiator und unermüdliche Motor des Golfclubs Zell am See – Kaprun. Mit dem Grand Hotel hat Sohn Dr. Wilfried Holleis ein Zeller Wahrzeichen erworben und gerettet. Aber nicht nur das, er hat das Haus, in dem alle Melodien des vergangenen Jahrhunderts gespielt wurden, in eine sichere Zukunft geführt. Er, der drauf und dran war, eine wissenschaftliche Universitätskarriere einzuschlagen, ist heute der Stratege des Familienunternehmens, dessen Herz in der Auerspergstraße schlägt.

Vergoldete
Natur

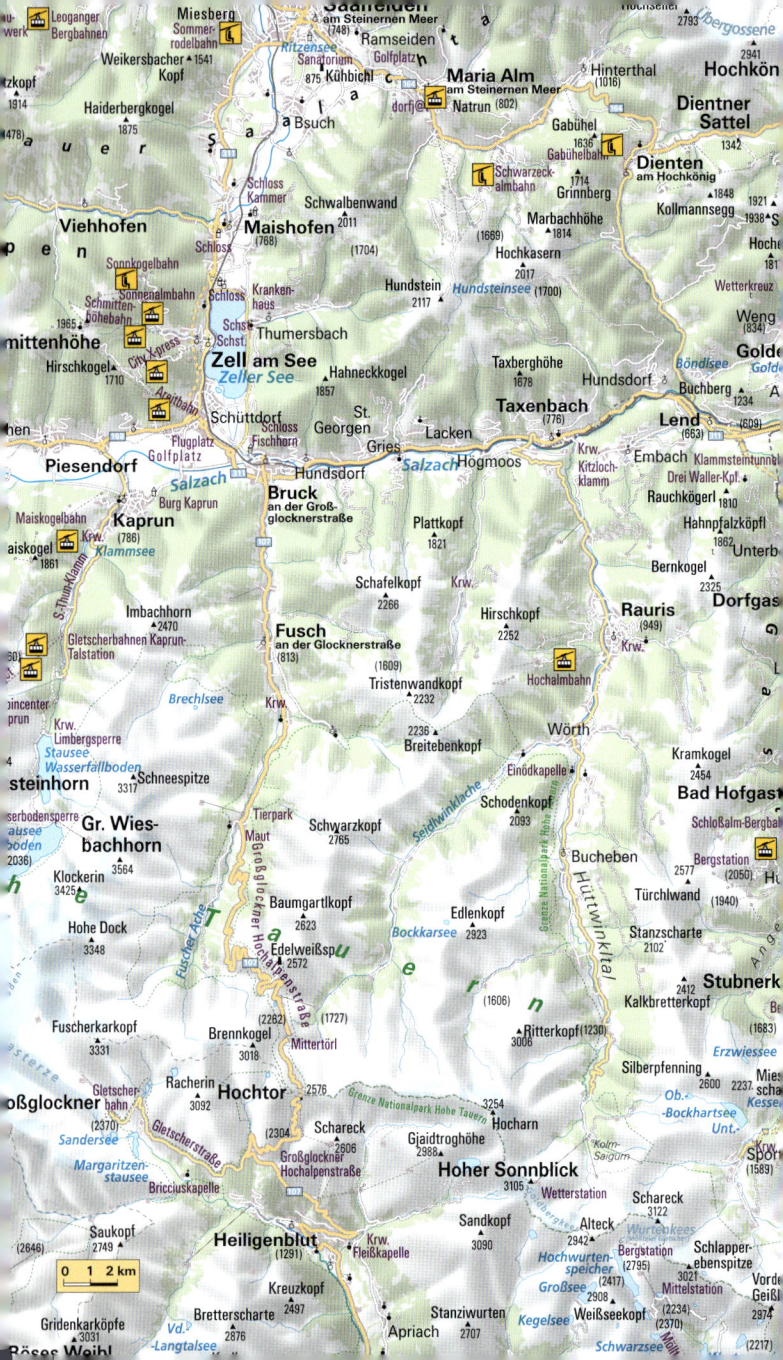

Im Unterpinzgau

Während die Tauerntäler des Oberpinzgaus einschließlich des Kapruner Tales unbesiedelt blieben, lassen sich in den zwei Tälern des Unterpinzgaus erste Siedlungsspuren schon für die Bronzezeit nachweisen. Auslöser war wahrscheinlich das Gold, das in Rauris bis ins ausgehende 19. Jahrhundert abgebaut wurde. Mit dem Ende des Bergbaus ist untrennbar der Name Ignaz Rojacher, „Kolm Naz" genannt, verbunden. Er war der letzte Gewerke und verkaufte die Schürfrechte an ein französisches Unternehmen, um dem Bergbau doch noch eine Zukunft zu bieten. Aber die Ausbeute lohnte den Aufwand nicht mehr. Während in den Goldgruben Südafrikas am Ende des 19. Jahrhunderts 172 Gramm Gold pro Tonne Erz gewonnen werden konnten, waren es in Rauris nur mehr magere acht Gramm. Als das Ende des Bergbaus besiegelt war, wurden die ersten Schritte der Öffnung des Tales für den Tourismus unternommen. Maßgeblich daran beteiligt war Wilhelm von Arlt, ein gebürtiger Prager, der die Vorzüge der Pinzgauer Rinderrasse erkannte und sie nach Böhmen exportierte. 1893 ließ er sich in Rauris nieder. Er war der erste, der den Sonnblick mit Skiern befuhr und ihn über die Nordwand bestieg. Gemeinsam mit Ignaz Rojacher wurde auf dem 3106 Meter hohen Sonnblick das Zittelhaus gebaut, weil sich hier günstige Voraussetzungen für die Errichtung eines Observatoriums boten – der Berg ist gletscherfrei und der Gipfel trotz seiner Höhe relativ leicht zu erreichen.

Nach Niedernsill, wo die Salzach den Unterpinzgau betritt, bis Kaprun ist das Tal zwischen Fluss und Bergen nur dünn besiedelt, während sich das Ortsgebiet von Kaprun zwischen dem südlichen Salzachufer und dem Taleintritt erstreckt. Die Kapruner Ache ist der erste Nebenfluss der Salzach, den diese, von den Hohen Tauern kommend, im Unterpinzgau aufnimmt. Sie entspringt unterhalb des Kapruner Törls auf einer Höhe von 2639 Metern, verlässt die Drossensperre als Überlauf an der nordwestlichen Ecke, fällt in Steilstufen zuerst auf den Wasserfallboden und danach zum Kesselfall Alpenhaus ab, bevor sie in den Klammsee fließt. Durch den Druckstollen, der den Speicher Margaritze auf der Tauern-Südseite mit dem Mooserboden verbindet, führt die Kapruner Ache auch Wasser mit sich, das aus dem Einzugsgebiet der Pasterze kommt und nur mithilfe des Druckstollens die Tauernwasserscheide überwinden kann.

Weniger spektakulär präsentiert sich im Gegensatz dazu die Fuscher Ache, die aus dem Käfertal kommend durch Ferleiten und Fusch nach Bruck fließt und dort in die Salzach mündet. Südlich von Fusch speist sie das Bärenwerk, das älteste Kraftwerk des Landesenergie-Versorgungsunternehmens. Dass das Fuscher Tal im Vergleich zum Kapruner Tal und den Tälern des Oberpinzgaus besiedelt ist, liegt daran, dass es weniger unwegsam ist. Letztendlich wurde das Tal auch deshalb für die Trasse einer Alpenüberquerung ausgesucht. Es wird davon ausgegangen, dass das Fuscher Tal wie das Rauriser Tal von Süden her bevölkert wurden. Funde am Hochtor, der Passhöhe der Großglockner Hochalpenstraße, und in Rauris gelten dafür als markante Beweise. Unter den Fundstücken befinden sich eine Herkulesstatuette aus der Römerzeit und Münzen mit dem Bildnis Philipps von Makedonien, dem Vater Alexanders des Großen.

Als die Großglockner Hochalpenstraße im Jahr 2010 das 75-Jahr-Jubiläum feierte, wurde auch an den jahrelangen Streit zwischen dem Erbauer Franz Wallack und dem damaligen Salzburger Landeshauptmann Franz Rehrl über die endgültige Trasse erinnert, den Wallack schließlich gewann. Wallack hatte die Straße so geplant, dass sie sich harmonisch in die sensible Hochgebirgslandschaft einfügen konnte, während Rehrl eine kürzere Variante favorisierte, die jedoch wegen eines längeren Tunnels ungleich aufwendiger gewesen wäre. Die Entscheidung zum Bau der Straße wurde bereits im Sommer 1922 bei der sogenannten „Mittersiller Amtshandlung" getroffen, wobei es darum ging, eine Standortentscheidung für einen Übergang über die Zentralalpen zu treffen. Zu entscheiden war zwischen einer Straße über den Großglockner oder einer über den Felber Tauern. Tirol favorisierte den Felber Tauern, um eine direkte Verbindung zwischen Nord- und Osttirol herzustellen, Salzburg und Kärnten waren aus touristischen Gründen für die Strecke über den Glockner, die dann auch gebaut wurde. Dreißig Jahre später wurde schließlich der Felbertauerntunnel eröffnet.

Die Strecke der Großglockner Hochalpenstraße zwischen Bruck auf der Salzburger Seite, wo der Kilometerstein „0" steht, und Heiligenblut auf der Kärntner Seite, beträgt knapp 50 Kilometer. Insgesamt sind 1500 Höhenmeter zu überwinden. Im Verhältnis zu der mehr als zehnjährigen Planungsphase war die reale Bauzeit mit 26 Monaten erstaunlich kurz. Die Fahrt auf der mittlerweile weltberühmten Straße, die als wichtigstes Bauwerk der Ersten Republik gilt, führt durch alle Vegetationszonen – von der Gras- bis in die Gletscherlandschaft – die sonst nur auf einer Reise in die Arktis zu erleben sind. Es geht von saftigen Weiden über Laub- und Mischwälder bis zur Taiga mit vornehmlich Nadelbäumen und Tundra mit niederen Sträuchern, Moosen und Flechten. Ein besonderes Beispiel dafür liefert die sogenannte Gamsgrube, ein kleines Hochtal unterhalb des Fuscherkarkopfes. In diesem Kar haben sich bis zu drei Meter hohe Flugsanddünen gebildet, auf denen sich eine spezielle Pflanzenwelt entwickelt hat, die es sonst nur im Einzugsbereich der Arktis gibt. Neben der imposanten Architektur der Glocknerstraße bietet das Tal eine Reihe von kleineren und größeren Naturschönheiten wie das Käfertal mit dem Rotmoos, das Weichselbachtal und Bad Fusch, wo mit einer 2010 eröffneten Kneippanlage versucht wird, an die alte Tradition des Kurorts anzuschließen.

Bevor man vom Oberpinzgau kommend Bruck erreicht, passiert man linker Hand Schloss Fischhorn, das auf einem kleinen Hügel steht und eine unübersehbare Landmarke in der Abgrenzung zum Zeller Becker darstellt. Der Bau hat sich im Lauf der Jahrhunderte von einer mittelalterlichen Burganlage in ein Schloss im Stil der Neugotik gewandelt. Hierbei ist zu berücksichtigen, dass das heutige Erscheinungsbild auf den Wiederaufbau nach einem Brand im Jahr 1920 zurückgeht und erheblich schmuckloser ausgefallen ist als das des Vorgängerbaus, das stark an die Märchenschlösser des bayerischen Königs Ludwig II. erinnerte. Mindestens so vielfältig wie die Baugeschichte liest sich auch die Geschichte der Eigentümer, unter denen die Bischöfe von Chiemsee am längsten auf Schloss Fischhorn residierten. 1918 erwarb die Bremer Kaufmannsfamilie Gildemeister das Anwesen von Fürst Johann II. von Liechtenstein und dessen Schwester Sophie Fürstin von Löwenstein. Nach dem Anschluss Österreichs an Deutschland wurde die Familie enteignet und das Schloss zu einem SS-Stützpunkt als Außenstelle des KZs Dachau umfunktioniert. Weltgeschichte hat das Schloss unmittelbar nach Ende des Zweiten Weltkrieges geschrieben, als Hermann Göring von den US-amerikanischen Besatzungstruppen dort gefangen genommen wurde. Bei den nachfolgenden Plünderungen verschwanden auch Exponate der im Schloss gelagerten Beutekunst der Nationalsozialisten, darunter auch das 2007 in Zell am See zufällig wieder aufgetauchte Limoges-Kreuz. Obwohl die Besatzungstruppen den Großteil der entwendeten Wertgegenstände sicherstellen konnten, ist anzunehmen, dass das eine oder andere Kunstwerk nach wie vor gut versteckt oder vergessen in der Umgebung liegt beziehungsweise rechtzeitig auf den Schwarzmarkt gelangte, als mit Beutekunst weltweit ein reger Handel getrieben wurde.

Auf dem weitreichenden Gelände des Schlosses, das sich heute wieder im Privatbesitz der Gildemeister-Nachkommen befindet, wurde vor einigen Jahren mit der Entdeckung von Resten einer Römersiedlung ein ganz anderer wichtiger Fund gemacht. Obwohl die Forschungen noch nicht abgeschlossen sind, steht inzwischen fest, dass es sich um einen landwirtschaftlichen Betrieb gehandelt haben muss, der auch als Proviantstation für die Tauernüberquerung diente.

Von Bruck an der Glocknerstraße bis Lend, wo der Pinzgau an den Pongau grenzt, fließt die Salzach noch 18 Kilometer auf Pinzgauer Boden. Fast in der Mitte liegt die Marktgemeinde Taxenbach, deren Besiedlung ab der späteren Bronzezeit eindeutig auf die Lage am Eingang zum Rauriser Tal zurückzuführen ist. Weil es im Tal eng und schattig ist, haben sich mit Embach auf dem südlichen Salzachufer und Eschenau auf der gegenüberliegenden Talseite zwei Ortschaften gebildet, die jeweils auf einer Sonnenterrasse liegen. Eschenau liegt auf knapp 900 Meter und wurde 1938 von Taxenbach eingemeindet, Embach liegt auf etwas über 1000 Meter und ist Teil des Gemeindegebietes von Lend.

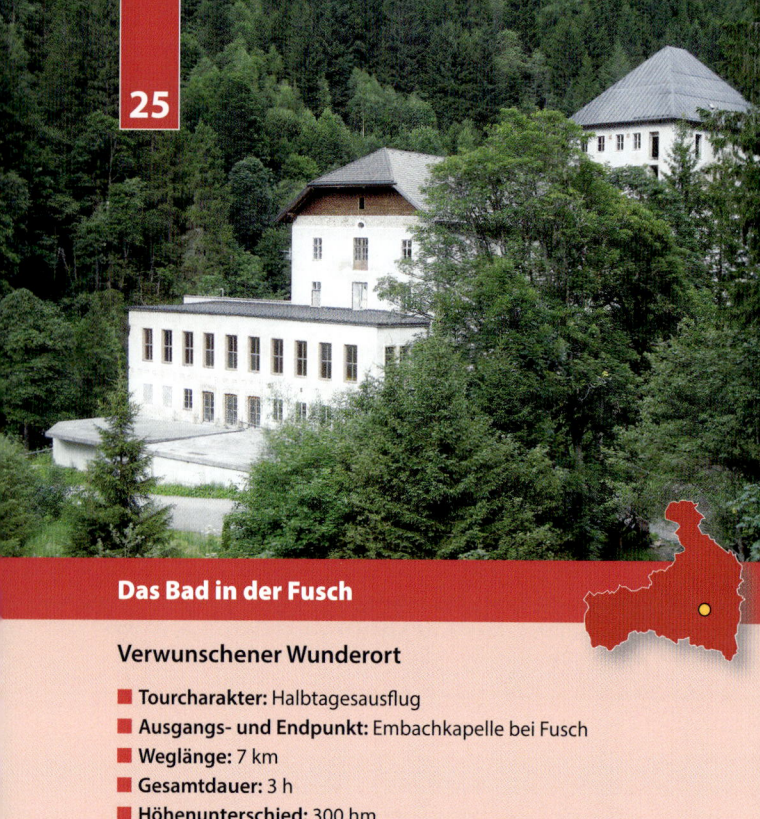

Das Bad in der Fusch

Verwunschener Wunderort

- **Tourcharakter:** Halbtagesausflug
- **Ausgangs- und Endpunkt:** Embachkapelle bei Fusch
- **Weglänge:** 7 km
- **Gesamtdauer:** 3 h
- **Höhenunterschied:** 300 hm
- **Besonderheit:** Heilwasserquellen

„Für geistig erschöpfte Leute nach anhaltenden geistanstrengenden Beschäftigungen (Gelehrte, Geschäftsleute, Beamte u. dgl.) ist der Aufenthalt in der Fusch ein vorzügliches Zerstreuungsmittel." So beschrieb der aus Mattsee stammende Arzt und Heimatkundler Heinrich Wallmann in seiner 1862 erschienenen „Systematischen Zusammenstellung sämmtlicher Heilquellen und Kurorte des Herzogthums Salzburg" die Zielgruppe für einen Kuraufenthalt in St. Wolfgang in der Fusch. Aber auch Hysterische, Hypochonder und selbst Melancholiker können sich dort Erleichterung holen, heißt es weiter –

nur unter gehöriger Obsorge, versteht sich. Soweit zur historischen Einschätzung des Bades, das in Wallmanns Auflistung neben Gastein, Unken, Leogang und Aigen bei Salzburg unter den Alpenbädern geführt wird. Entdeckt wurden die Quellen schon im frühen 16. Jahrhundert, wohl auch deshalb, weil in ihrer Nähe Silber abgebaut wurde. Sowohl die dem heiligen Wolfgang geweihte Wallfahrtskirche wie auch das Badehaus wurden 1703 durch eine Lawine zerstört und zwei Jahre später wieder aufgebaut. Einen vorübergehenden Aufschwung erreichte Bad Fusch in den 1830er-Jahren, als sich der Salzburger Fürsterzbischof und begeisterte Alpinist Friedrich IV. Fürst Schwarzenberg dort ein Haus bauen und einen Garten anlegen ließ. Ein Teil dieser Anlage – Einfassung und Gestaltung der nach ihm benannten Fürstenquelle – ist heute noch zu sehen, während Haus und Kirche 1844 durch eine Lawine vernichtet wurden. Nach dem Bau der Straße erlebte das Bad einen kurzen Aufschwung und konnte bis zu 500 Kurgäste pro Saison verbuchen, wobei die Ausstattung bescheiden und der Komfort hauptsächlich in Form von berauschender Natur vorhanden war, was wiederum die Künstler der Spätromantik anzog. Auch der junge Hugo von Hofmannsthal war mit seinen Eltern mehrmals in Bad Fusch auf Kur und kehrte 1924 im August in Hoffnung auf Inspiration für einige Tage in die Fusch zurück, „weil ihm früher hier die Verse fast wie von selbst zugeflogen sind". Der in Obertrum lebende Schriftsteller Walter Kappacher hat über diese kurze Episode einen kleinen, aber sehr eindringlichen Roman unter dem Titel „Der Fliegenpalast" geschrieben. Wer heute nach Bad Fusch kommt, steht auch vor einem Palast, einer im Verhältnis zur Landschaft gigantischen Ruine aus den 1940er-Jahren, als ein weiteres Mal Anlauf genommen wurde, um aus Bad Fusch „etwas" zu machen. Aber der Versuch scheiterte, denn der Eigentümer hatte sich verspekuliert, ging bankrott und wanderte im Anschluss in die USA aus. Danach stand der halbfertige Bau über mehrere Jahrzehnte leer, bis die gesamte Immobilie vom Engelwerk, einer katholischen Sekte, erworben wurde, was die Atmosphäre kaum weniger gespenstisch macht.

Wir beginnen unsere Wanderung nach Bad Fusch bei der Embachkapelle, das heißt, kurz nach dem Ortsende – vor der ersten Steigung der Straße – biegt links neben der Embachkapelle ein Weg ab. Wir gehen teilweise über den alten Fürstensteig und erreichen nach etwa einer Stunde den einstigen Badeort. Wie wir vor der großen Ruine stehen, sind wir uns nicht ganz sicher, ob wir nicht doch in einer Geisterstadt des Wilden Westens gelandet sind. Aber nach ein paar weiteren Schritten sind wir voll und ganz im Hier und Jetzt angekommen. Die überzeugend gestaltete und sich gut in die Landschaft einfügende Kneippanlage, die 2010 in Betrieb genommen wurde, gibt dem Ort seine Bestimmung zurück und hat mit der Aussichtsplattform eine zusätzliche Attraktion geschaffen. Neben der Fürstenquelle, zu der ein Weg hinter der Kapelle führt, kann auch das Heilwasser des „Augenbrunnens" gekostet werden. Im Weiteren sollen auch die anderen, schon seit längerem verschütteten Quellen, wie das Leber-, Gold- und Silberbrünnl wieder zum Fließen gebracht werden, wohl ganz im Sinne von Heinrich Wallmann, der schrieb, dass das Fuscher Wasser „den Körper belebt und erfrischt und in hohem Grad ein angenehmes Gefühl von Behaglichkeit und Leichtigkeit erzeugt". Zurück spazieren wir über die 1893 errichtete Straße, die sich eher zum Begehen als zum Befahren eignet, und kommen direkt im Ortszentrum von Fusch an.

26

Den Walcherbach entlang

Schlangen im Schnee

- ■ **Tourcharakter:** Tagestour
- ■ **Ausgangs- und Endpunkt:** Tauernhaus Ferleiten
- ■ **Weglänge:** 8 km
- ■ **Gesamtdauer:** 5 h
- ■ **Höhenunterschied:** 750 hm
- ■ **Besonderheit:** Unter dem Schleierfall hindurch

Die Attraktion der fast 50 Kilometer langen grazilen Schönheit der Großglockner Hochalpenstraße ist übergroß. Wer auf ihr unterwegs ist, hält nicht mehr an, es sei denn, um sich ein weiteres Mal ihrer Schönheit zu vergewissern. Darum ergibt es Sinn, die Wanderung entlang des Walcherbachs bis hinauf zum Walcher Kees als eigenständige Tour zu planen.

Ausgangspunkt dieser Tour ist das Tauernhaus Ferleiten, eines der ehemals wichtigsten Tauernhäuser auf dem Saumweg über das Hochtor, das auf einer Höhe von 1145 Metern beim Übergang des Fuscher Tales ins Ferleitental liegt. Das heutige Tauernhaus wurde in den 1980er-Jahren in reduzierter Form errichtet, nachdem der Vorgängerbau bei einem Brand zerstört wurde. Jedes Jahr Ende Juni ist das Tauernhaus einer der Treffpunkte für die Glocknerwallfahrt, die am 28. und 29. Juni stattfindet und deren Ursprünge bis in die Mitte des 15. Jahrhunderts zurückreichen. Ob in den Fürbitten eher die Wölfe oder die Pest das Thema waren, darüber sind sich die Historiker nicht ganz einig. Existenzbedrohend waren beide. Heutzutage hat die Wallfahrt, zu der sich jährlich rund 5000 Menschen zusammenfinden, eher meditativen Charakter. Tradition ist, dass vor der Kapelle um den Segen für die Pilgertour gebetet wird.

Unser Weg entlang des Walcherbachs hinauf bis zum Walcher Kees auf etwa 1900 Meter, beginnt hinter dem Tauernhaus und fordert auf den ersten 300 Höhenmetern etwas an Kondition und eine gute Portion Ausdauer. Wer zwischendurch verschnaufen will, kann gleichzeitig den Blick ins Tal genießen. Nach etwa eineinhalb Stunden kommen wir an der Walcher Grundalm vorbei, die von drei Bauern aus Fusch betrieben wird. Sie liegt auf 1590 Meter und umfasst insgesamt 560 Hektar Weidefläche. Wir lassen die Alm rechts liegen und kommen nach einer weiteren halben Stunde zum Schleierfall auf 1750 Meter. Das Spektakuläre an dieser Stelle ist, dass das Wasser über die Köpfe der Wanderer hinwegspritzt und man unter dem Felsvorsprung auf den Wasserfall schaut. Da dem Walcherbach-Wasserfall eine vergleichbare Wirkung wie den

Krimmler Fällen nachgesagt wird, lohnt sich der Aufstieg in doppelter Hinsicht. Vom Schleierfall bis zur Walcher Hochalm, an deren Ostseite der Almboden beginnt, sind noch einmal 100 Höhenmeter zu überwinden. Im Westen geht der von Mooren durchzogene Almboden in das Walcher Kees über, das zwischen den Ausläufern von Kleinem Wiesbachhorn und Hohem Tenn liegt. Man sollte sich nicht wundern, wenn einem plötzlich eine Kreuzotter begegnet. Diesen Schlangen gefällt es in dem moorigen und sumpfigen Gebiet auf der Hochalm besonders gut. Am Rande sei bemerkt, dass Kreuzottern auf der Roten Liste stehen und als in ihrem Bestand gefährdet eingestuft werden. Im Land Salzburg gilt die Kreuzotter als vollkommen geschützt. Das bedeutet, sie dürfen nicht gefangen oder getötet werden, man darf nicht mit ihnen handeln oder sie als Haustiere halten.

Für den Rückweg von der Hochalm gibt es eine östliche und eine westliche Variante. Während die östliche Variante dem Aufstiegsweg entspricht, führt die westliche über die weiten Almböden – dazwischen ist der Walcherbach zu überqueren – bis in den Wald hinein und von dort in östlicher Richtung in weitem Bogen geradewegs abwärts bis zum Schleierfall, wo sich die beiden Wege wieder treffen. Von da an geht's auf dem Anstiegsweg wieder ins Tal hinab.

Vom Hochmais ins Käfertal

Naturidylle an der Glocknerstraße

- ■ **Tourcharakter:** Halbtagesausflug für die ganze Familie
- ■ **Ausgangs- und Endpunkt:** Parkplatz bei der Mautstelle Ferleiten
- ■ **Weglänge:** 7 km
- ■ **Gesamtdauer:** 3 h mit Besichtigungen
- ■ **Höhenunterschied:** 700 hm
- ■ **Besonderheit:** Mit dem Bus hinauf und zu Fuß hinunter

In Ferleiten, wo das Fuscher Tal ins Ferleitental übergeht und sich die Mautstation der Glocknerstraße befindet, geht mit dem Käfertal ein kleines Seitental ab, das durch eine rund 100 Meter hohe Wandstufe abgetrennt ist. Aus biologischer Sicht ist die große Besonderheit im Käfertal das Rotmoos, ein geschütztes Feuchtgebiet, das von den Mäandern der Fuscher Ache durchzogen wird. Die nach der Ramsar-Konvention geschützte Moorlandschaft liegt in einer Höhe von 1250 bis 1300 Metern und erstreckt sich auf einer Gesamtfläche von fast 60 Hektar. Die 1971 in Ramsar, einer Stadt im Iran, beschlossene Konvention über Feuchtgebiete als Lebensraum für Wasser- und Watvögel gilt als eines der ältesten internationalen Vertragswerke zum Umweltschutz.

Wenn im Frühsommer neben den Mehlprimeln und dem Wollgras auch das Knabenkraut blüht, ist zu Recht vom „Tal der Orchideen" die Rede. Wer das Tal kennenlernen möchte und zugleich die Grand Dame der Bergstraßen erleben will, ohne die ganze Route abfahren zu müssen, für den empfiehlt es sich, mit dem Bus von der Mautstation bis zum Hochmais auf einer Höhe von 1850 Metern zu fahren und von dort über die Trauneralm ins Käfertal hinunterzuwandern.

Wir starten unsere Wanderung an der Busstation Hochmais, wo wir uns, bevor es losgeht, auf den Schautafeln zu den Themen Gletscher, Rotmoos und alpine Vegetation informieren und einen ausführlichen Blick in die Dreitausender der Glocknergruppe genießen. Danach folgen wir der Beschilderung und gehen in Richtung Trauneralm. Von dort führt ein Forstweg zum Talschluss des Käfertales, auf dem wir etwa 300 Höhenmeter zurücklegen. Der Natur- und Erlebnisweg Käfertal führt dann im Weiteren ohne merkliches Gefälle talauswärts. Auf neun Schautafeln wird über die Geschichte der Tauernhäuser und Säumer informiert wie auch über Almwirtschaft und das Leben der Murmeltiere. Dazwischen gibt es für Kinder besondere Attraktionen wie einen Kletterfelsen, ein Käferlabyrinth und einen Wasserspielplatz. Im Sommer brütet der Flussuferläufer, eine selten gewordene Gattung der Schnepfenvögel, gerne im Uferbereich der Fuscher Ache.

28

Über die Gleiwitzer Hütte vom Fuscher Tal nach Kaprun

Logenplatz auf dem Imbachhorn

■ **Tourcharakter:** Zweitagestour
■ **Ausgangspunkt:** Fusch, hütteneigener Parkplatz
■ **Endpunkt:** Talstation Gletscherbahn Kaprun
■ **Weglänge:** 20 km
■ **Gesamtdauer:** 8,5 h
■ **Höhenunterschied:** 1670 hm
■ **Besonderheit:** Vom Fuscher ins Kapruner Tal

Wer einen einzigartigen Logenblick auf die Landschaft rund um den Zeller See genießen möchte, sollte dafür den Weg auf das Imbachhorn nicht scheuen. Die 2470 Meter hohe Spitze vergibt die besten Aussichtsplätze, weil das Imbachhorn dem Alpenhauptkamm sozusagen vorgelagert ist. Um für das Aussichtswunder genügend Zeit mitzubringen, ist die Tour von Fusch über die Gleiwitzer Hütte und nach dem Aufstieg auf das Imbachhorn hinab ins Kapruner Tal als Zweitagestour angelegt.

Wir starten in Fusch beim hütteneigenen Parkplatz und gehen am rechten Ufer des Hirzbaches bergwärts. Zuerst geht es gerade hinauf durch den Wald mit Blick auf den Hirzbach-Wasserfall. Danach führt der Weg in bequemen Kehren bis zum Ende der Schlucht, wo wir den Bach auf der „Sackzieh-Brücke" überqueren. Beim genauen Hinschauen kann man kurz danach noch einen Stolleneingang und Mauerreste ausmachen, Relikte aus der Zeit des Goldbergbaus im Fuscher Tal. Nach zwei Stunden angenehmen Marschierens weiten sich die Böden der Hirzbachalm, die auf 1715 Meter liegt. Das letzte Drittel des Aufstieges bis zur Hütte führt über regelmäßige Kehren durch steiles Grasgelände mit freiem Blick auf die Schneespitze.

Nach der Übernachtung auf der sehr gut geführten Gleiwitzer Hütte geht es am nächsten Morgen auf das Imbachhorn, den Hütten-Hausberg. Wir halten uns in nördlicher Richtung und biegen dann links zur Brandlscharte ab. Auf dem Weg dorhin gibt es eine steile Stelle, die durch Drahtseile gesichert ist, wo sich der Blick ins Kapruner Tal öffnet. So lassen sich die 300 Höhenmeter bis auf den Gipfel des Imbachhorns in knapp eineinhalb Stunden leicht bewältigen. Der grandiose Gipfelblick geht zum einen in das Glocknermassiv, zum anderen auf den Zeller See mit dem Steinernen Meer im Hintergrund und westlich davon die Kitzbüheler Grasberge mit dem dahinterliegenden Wilden Kaiser. Der Abstieg führt zuerst zur Brandlscharte hinunter und danach in scheinbar unendlich vielen Kehren ins Kapruner Tal, wo wir nach drei Stunden bei der Talstation der Gletscherbahn ankommen. Dort muss man sich entweder abholen lassen oder mit dem öffentlichen Bus nach Kaprun oder Zell am See fahren.

Herzlich willkommen in den Hohen Tauern auf 2176 Meter. Die Gleiwitzer Hütte bietet neben Übernachtungsmöglichkeiten ganztägig Speisen und Getränke an. Ausgangspunkt für Touren auf den Hohen Tenn (3368 m), das Imbachhorn (2472 m) und den Rettenzink (2510 m).

Gleiwitzer Hütte, DAV-Schutzhütte, Sektion Tittmoning, 5672 Fusch an der Glocknerstraße, Tel. 0664/92 94 989, gleiwitzerhuette@gmx.de, www.gleiwitzerhuette.at

Rund um die Pasterze

Dem Verschwinden auf der Spur

- ■ **Tourcharakter:** Halbtageswanderung
- ■ **Ausgangs- und Endpunkt:** Kaiser-Franz-Josefs-Höhe
- ■ **Weglänge:** 12 km
- ■ **Gesamtdauer:** 6,5 h
- ■ **Höhenunterschied:** 600 hm
- ■ **Besonderheit:** Hautnah am Gletscher

Am Beispiel der Pasterze – mit sieben Kilometern Länge und einer Tiefe von 150 Metern Österreichs längster Gletscher – kann die drastische Entwicklung der Gletscherrückbildung gut ermessen werden. Das heißt konkret, die Pasterze schwindet pro Jahr um 30 bis 40 Meter. Seit 1856 hat die Gletschermasse um insgesamt 30 Prozent abgenommen, was durch den Bau der Großglockner Hochalpenstraße hautnah erlebt werden kann. Der Name „Pasterze" hat aber höchstwahrscheinlich gar nichts mit dem Eis zu tun, sondern verweist vielmehr darauf, dass hier einst an den Wurzeln des Möllflusses Weideland war. Um die Auswirkungen des Klimawandels auf den Pasterzen-Gletscher zu betrachten, müssen wir die Bezirks- und Landesgrenze beim Hochtor überschreiten und auf der Kärntner Seite weiter zum Glocknerhaus auf 2132 Meter Seehöhe fahren.

Von dort führt uns der „Gletscherweg Pasterze" zum Margaritzenstausee auf 2000 Meter, dessen Wasser über eine durch den Berg getriebene Druckrohrleitung zum Kraftwerk Kaprun gepumpt wird. Wir gehen über die Dammkrone und biegen danach zum Elisabethfelsen ab. Der eindrucksvollste Abschnitt ist sicherlich die Überquerung der Möllschlucht auf einer Hängebrücke. Ehe wir zum Zungenbereich der Pasterze gelangen, umrunden wir den mit Sedimenten gefüllten Sandersee. Entlang des Gletschers wandern wir anschließend in Richtung Franz-Josefs-Höhe und verkürzen den Aufstieg, indem wir mit der Gletscherbahn nach oben fahren.

Unser nächster Anhaltspunkt ist das von Weitem sichtbare Tunnelportal, durch das wir auf den Gamsgrubenweg gelangen. Der Weg musste aus Sicherheitsgründen abschnittweise durch Tunnel geführt werden. Der Blick auf die Pasterze und den Großglockner, der von dem bequem zu begehenden Panoramaweg geboten wird, ist großartig. Knapp auf der Hälfte des Weges kommen wir zum Nationalpark-Sonderschutzgebiet „Gamsgrube" unterhalb des Fuscherkarkopfs. Als Sonderschutzgebiet wurde die Gamsgrube deshalb ausgewiesen, weil sich dort meterhohe Sanddünen gebildet haben, worauf sich eine in Europa höchst seltene Flora angesiedelt hat. Dazu gehören zum Beispiel das Stengellose Leimkraut oder das unscheinbar blühende Alpen-Breitschötchen, ein weiß blühender Kreuzblütler. Dabei handelt es sich wohl um die seltenste Pflanze der Gamsgrube, denn der nächste Fundort liegt in Spitzbergen.

Aufgrund der Bestimmungen zum Sonderschutzgebiet darf hier keinesfalls(!) vom Weg abgewichen werden. Mit faszinierenden Ausblicken auf Gletscher und Bergwelt wandern wir bis zum Wasserfallwinkel, wo die Pasterze ihren Anfang nimmt und von dort weiter hinauf zum Bockkarkees, das in einer Höhe von 2600 Metern liegt. Abschließend gehen wir den Gamsgrubenweg wieder zurück und nehmen bei der Franz-Josefs-Höhe den Shuttle-Bus, der uns zum Glocknerhaus bringt.

30

Durch die Kitzlochklamm nach Embach

Kraft und Magie des Wassers

- ■ **Tourcharakter:** Halbtageswanderung
- ■ **Ausgangs- und Endpunkt:** Parkplatz vor dem Klammeingang
- ■ **Weglänge:** 10 km
- ■ **Gesamtdauer:** 4 h
- ■ **Höhenunterschied:** 250 hm
- ■ **Besonderheit:** Durch die Klamm zur Wallfahrtskirche

Die Rauriser Ache entsteht bei Wörth durch den Zusammen-fluss der 15 Kilometer langen Seidlwinklache und der etwas längeren Hüttwinklache. Ehe sie nun durch die Kitzlochklamm ins Salzachtal stürzt, hat sie einen Weg von etwa zehn Kilo-metern hinter sich. Unterhalb von Rauris wurde Anfang der 1950er-Jahre für das Aluminiumwerk in Lend das Kraftwerk Rauris-Kitzloch errichtet, das über einen gut drei Kilometer langen Stollen zum Krafthaus in Taxenbach entwässert.

Die 2,5 Kilometer lange und 100 Meter tiefe Klamm zählt zu den Salzburger Naturdenkmälern und ist seit ein paar Jahren wieder zur Gänze begehbar. Nach einem tragischen Unglück in den 1970er-Jahren, bei dem eine deutsche Schülergruppe zu Tode kam, war die Klamm für viele Jahre gesperrt. Den Namen verdankt die Klamm jungen Ziegen, die sich im Sommer zwecks Abkühlung gerne in der Klamm und in der Tropfsteinhöhle aufgehalten haben.

Wir starten unsere Tour am großen Parkplatz vor dem Klammeingang und bewegen uns zunächst auf Stegen und durch Tunnel, deren Ursprünge bis ins 16. Jahrhundert zurückreichen. Dabei fällt der Kontrast zwischen einer sich kraftvoll und zugleich milde zeigenden Natur besonders auf. Unten die tosende und reißende Ache, die sich im Laufe der Jahrtausende hundert Meter tief in den Kalkschiefer gefräst hat, und oben die ausgewaschenen bemoosten, vom feinen Wasserstaub besprühten und in der Sonne glänzenden Steine. Auf der Wanderung kommen wir an einer kleinen Tropfsteinhöhle vorbei, die allerdings nur in kleinen Gruppen mit einem Höhlenführer zu besichtigen ist, weiters an einer längst aufgelassenen Einsiedelei und am Ritzstollen, den Bergknappen Mitte des 16. Jahrhunderts in den Fels geschlagen haben – selbstverständlich wie überall in der Gegend auf der Suche nach Gold. Wir verlassen die Klamm am Südausgang über die vor einigen Jahren errichtete und höchst spektakuläre Brücke und wandern weiter nach Embach. Nach der Klamm gehen wir etwa eine halbe Stunde einen Waldweg entlang, bis wir zum Sägewerk Ager kommen. Hier stoßen wir auf eine Straße, der wir in südöstlicher Richtung nach Embach folgen. Das kleine Bergdorf liegt auf einer Höhe von 1013 Metern und ist durch die Wallfahrtskirche Maria Elend (vgl. S. 124) bekannt geworden. Für den Rückweg halten wir uns an der Hauptstraße links und gehen in nordwestlicher Richtung zum Salaterhof. Nach Überqueren des Hofes folgen wir dem Wegweiser mit der Aufschrift „Waldweg 4". Auf diesem wandern wir zuerst durch den Wald abwärts und im Weiteren über Serpentinen zurück zum Parkplatz.

31

St. Georgen, Embach und Eschenau

Kirchen über dem Tal

- **Tourcharakter:** Tagestour – Radwanderung
- **Ausgangs- und Endpunkt:** Bruck an der Glocknerstraße, Bahnhof
- **Weglänge:** 52 km
- **Gesamtdauer:** 7 h
- **Höhenunterschied:** 350 hm
- **Besonderheit:** Faszinierende Ausblicke auf das Salzachtal

Der Reiz des Unterpinzgaus erschließt sich dem Besucher oft erst auf den zweiten oder dritten Blick, wenn er auf der Tal-sohle unterwegs ist, wo außer der Straße, der Bahntrasse und der Salzach kaum für etwas anderes Platz ist. Unsere Radtour beginnt in Bruck an der Glocknerstraße, wo der Unterpinzgau nach dem Zeller Becken wieder eng und felsig wird. Bei guter

Kondition und mit entsprechendem Fahrrad ist die Tour eine mittlere Herausforderung, bei weniger Geübten könnte ein E-Bike große Hilfe leisten. Um das Umweltgewissen zu beruhigen: Ab einer Geschwindigkeit von 25 Stundenkilometern schaltet sich der Akku ab.

Wir verlassen Bruck auf dem Tauernradweg, der auf dem rechten Salzachufer verläuft. Salzachabwärts kommen wir an der zu Bruck gehörenden Ortschaft Hundsdorf vorbei, wo das Caritas-Dorf St. Anton auf der gegenüberliegenden Salzachseite liegt, dessen Ursprung ein ehemaliges Franziskanerkloster war. Hier leben unter Betreuung Kinder, Jugendliche und Erwachsene mit Behinderung. An der nächsten Kreuzung verlassen wir den Radweg, überqueren die Salzach und fahren danach ein kurzes Stück der Bundesstraße entlang, bis wir linker Hand nach St. Georgen abbiegen. Der Weg zur Kirche hinauf ist steil, aber ebenso lohnend. Die weithin sichtbare strahlend weiße Kirche mit dem an die Zeller Stadtpfarrkirche erinnernden Treppengiebel ist in ihrem Kern romanisch und besticht vor allem durch Wandmalereien aus dem frühen 16. Jahrhundert und den Hauptaltar aus Adneter Marmor. Oberhalb des Kirchhügels liegt nordöstlich davon Schloss Heuberg, das einst zur Fürstpropstei Berchtesgaden gehörte und heute im Besitz der Familie Porsche ist. Von der Kirche fahren wir nach Osten über die St.-Georgen-Straße und den Neubauweg zur Bundesstraße hinab, auf der wir das kurze Stück bis Gries bleiben und danach wieder auf die andere Salzachseite wechseln. Von dort geht es auf dem Tauernradweg weiter über Högmoos bis kurz vor Taxenbach, wo der Tauernradweg in die Rauriser Bundesstraße einmündet. Wir bleiben für eine Strecke von etwa acht Kilometern auf der Rauriser Bundesstraße und biegen dann beim Gasthof Ager links ab. Hier überqueren wir die Rauriser Ache und fahren anschließend auf der Embacher Landesstraße in nordöstlicher Richtung, bis wir nach etwa zwei Kilometern die Abzweigung Maria Elend erreichen, einen der ältesten Wallfahrtsorte des Pinzgaus. Bis zu 30.000 Pilger sollen sich im 18. Jahrhundert jährlich auf den

Weg zum Marien-Gnadenbild gemacht haben. 1783 ließ Fürst-erzbischof Hieronymus Graf Colloredo die Kirche abreißen und das Gnadenbild, eine gemalte Pieta, nach Embach verlegen. Der kleine Ort liegt auf 1013 Metern, hat 285 Einwohner und ist der Inbegriff eines Salzburger Bergdorfes. Neben Kirche und Pfarrhof erwartet den Besucher das architektonisch auf-fällige Geistliche Zentrum Embach, das aus einem ehemaligen Stall entstanden ist. Wir verlassen das kleine Dorf, das bis 1938 eine eigenständige Gemeinde war und jetzt zu Lend gehört, nach Nordosten und fahren den Goldberg-Radweg entlang nach Lend. Ab der Kreuzung Embacher Landesstraße mit der B 311 orientieren wir uns wieder an den Hinweisschildern des Tauernradwegs. Nach einem guten Kilometer salzachaufwärts biegen wir rechts in Richtung des Eschenauer Hochplateaus, das zwischen dem Dientner Graben im Osten und dem Trattenbach im Westen liegt. Auch in der Eschenauer Kirche, sie liegt auf 863 Metern, sind Wandmalereien aus dem 14. Jahrhundert zu besichtigen. Auf der Rückfahrt von Eschenau zum Tauernradweg kommen wir an der Halbstundenbrücke vorbei, die an den Kampf von Salzburger Schützen unter Anton Wallner gegen Franzosen und Bayern im Juli 1809 erinnert. Bis wir bei unserem Ausgangspunkt in Bruck an der Glocknerstraße angekommen sind, bleiben wir auf dem gut ausgeschilderten Tauernradweg.

32

Von Kolm Saigurn nach Bucheben

Durch das Hüttwinkltal

- ■ **Tourcharakter:** Tagestour
- ■ **Ausgangs- und Endpunkt:** Marktplatz in Rauris
- ■ **Weglänge:** 16 km
- ■ **Gesamtdauer:** 6 h
- ■ **Höhenunterschied:** 650 hm
- ■ **Besonderheit:** Höhenwanderweg

Kolm Saigurn – schon der Name deutet auf den Bergbau hin, denn „Kolm" leitet sich aus dem Spätmittelhochdeutschen ab und bedeutet „Poch-" oder „Hammerwerk", mit dem die abgebauten Erze weiterverarbeitet wurden. Auf die Zeit des Goldbergbaus verweisen Reste einer Anlage aus den 1830er-Jahren, als in Kolm Saigurn ein Aufzug zur Erzförderung errichtet wurde. Augenfällig ist auch der verschlossene Eingang zum Imhofstollen, der vom östlich gelegenen Nassfeld auf einer Länge von fünf Kilometern nach Kolm Saigurn getrieben wurde und ursprünglich dem Abbau von Erz dienen sollte. Was vor dem Ersten Weltkrieg begonnen und forciert wurde, kam nachher aus weltpolitischen, finanziellen und montanistischen Ursachen immer wieder zum Erliegen. Auch einer touristischen Nutzung noch zu Beginn der 1990er-Jahre war kein Glück beschieden. Von Kolm Saigurn aus führt einer der Wege zum Hohen Sonnblick hinauf.

Den Anfang unserer Tageswanderung macht eine Fahrt mit dem öffentlichen Bus von Rauris bis Kolm Saigurn auf 1600 Meter. Vom Naturfreundehaus gehen wir in östlicher Richtung über einen leichten Anstieg ein Stück des Urwald-Rundweges entlang und stoßen dann auf den Weg Nr. 24. Der Rauriser Urwald ist ein 800 Jahre alter Bergschutzwald mit Moortümpeln. Ab jetzt geht es auf einer Höhe von knapp 1800 Metern in nördlicher Richtung und über der Waldgrenze an mehreren Almen vorbei. Nach der Mitterastenalm kommen wir zu einer Weggabelung, an der wir uns links halten. Nach dieser Gabelung geht es durch den Wald abwärts. Wir bleiben immer links und stoßen schließlich auf den Weg, der von der Lercheggalm direkt nach Bucheben führt. Bis 1939 war Bucheben eine eigenständige Gemeinde mit einer Fläche von 100 Quadratkilometern, die aber nur zu 2,5 Prozent als Wiese oder Anbaufläche für Getreide genutzt werden konnten. Idyllisch ist der Blick auf den 1144 Meter hohen Kirchbichl, auf dem Kirche und Mesnerhaus stehen. Von Bucheben gehen wir auf dem Weg Nr. 16a auf der linken Seite der Hüttwinklache bis nach Wörth, wo sie sich mit der Seidlwinklache zur Rauriser Ache vereint.

33

Im Krumltal

Bei den Königen der Lüfte

- ■ **Tourcharakter:** Tagestour
- ■ **Ausgangs- und Endpunkt:** Nationalpark-Haus „König der Lüfte" in Wörth
- ■ **Weglänge:** 12 km
- ■ **Gesamtdauer:** 5 h
- ■ **Höhenunterschied:** 600 hm
- ■ **Besonderheit:** Ein abgelegenes Hochtal als Freilandzoo

Der Bartgeier war bis ins ausgehende 19. Jahrhundert in allen Gebirgen der Alpen angesiedelt. Ausgerottet wurde er vor allem deshalb, weil ihm der Ruf vorauseilte, er sei eine „blutrünstige Bestie, die selbst vor Kindesraub nicht zurückschrecke". Der friedliche Aasfresser, dem Knochen lieber sind als Fleisch, wurde zu Unrecht bezichtigt, Lämmer und Gämsen zu rauben. Der zusätzliche Name „Lämmergeier" ist ihm jedenfalls bis heute geblieben. Es war im Jahr 1986, als man sich im Nationalpark Hohe Tauern für die Wiederansiedlung der Bartgeier entschied und als Revier das Krumltal auswählte, ein Hochtal, das ein paar Kilometer nach Bucheben beim Lechnerhäusl vom Hüttwinkltal abgeht. Als im Frühjahr 2010 endlich ein Bartgeier in freier Wildbahn geschlüpft ist, war die Freude entsprechend groß und er erhielt den Namen „Kruml".

In Horsten, die ein Bartgeier in Felsnischen baut, werden während des Winters zwei Eier ausgebrütet, aus denen in der Regel nach 54 Tagen je ein Junges schlüpft, wovon aber nur eines aufgezogen wird. Die ungewöhnliche Brutzeit hängt mit dem Umstand zusammen, dass Bartgeier Aasfresser sind und dass das Nahrungsangebot am Ende des Winters meist groß ist. Mit einer Flügelspannweite von bis zu drei Metern ist der Bartgeier der größte Greifvogel in den Alpen. Der großartige Segler ist im Gebirge oberhalb der Waldgrenze zu Hause, und sein Revier kann bis zu 400 Quadratkilometer groß sein. Horste von Bartgeiern sind auch mit freiem Auge zu erkennen, da die weißen Kotspuren an den Felswänden von roten Flechten überzogen werden – man nennt diese deshalb auch Rotwände.

Im Nationalpark-Haus „König der Lüfte" in Wörth, dem Ausgangspunkt unserer Tour, informiert eine interaktive Ausstellung über die größten Greifvögel in den Alpen wie Steinadler, Bartgeier und Gänsegeier. Wir fahren in Begleitung eines Nationalpark-Rangers von Wörth in südlicher Richtung bis zum Lechnerhäusl auf 1192 Meter, gehen von dort ins Krumltal und hoffen, einen Bartgeier zu sehen. Auf dem Weg zu den Wasserfällen kommt man an der Bräualm auf 1606 Meter vorbei und begegnet Murmeltieren und Gämsen. Zurück geht es auf demselben Weg.

34

Mit dem Rad ins Seidlwinkltal

Im Sattel über alte Römer- und Pilgerwege

- **Tourcharakter:** Halbtagestour – Radwanderung 🚲
- **Ausgangs- und Endpunkt:** Marktplatz in Rauris
- **Weglänge:** 44 km
- **Gesamtdauer:** 4 h
- **Höhenunterschied:** 770 hm
- **Besonderheit:** Idyllisches Tal

Durch das sehr ursprünglich gebliebene Seidlwinkltal führte einst der bedeutende Saumweg vom Hochtor, der früher als Übergang nach Heiligenblut „Bluter Tauern" genannt wurde, nach Rauris. Bei Wörth, wo sich das Rauriser Tal gabelt, geht das Seidlwinkltal nach Südwesten, während das Hüttwinkltal nach Südosten abbiegt. Das Rauriser Tauernhaus am Ende des Tales blickt auf eine über 500-jährige Geschichte zurück und war eines jener Hospize, das Getränke ausschenken durfte, wofür der Wirt im Gegenzug verpflichtet war, mittellose Wanderer zu beherbergen und zu verpflegen und für die Erhaltung des Saumweges zu sorgen.

Wir starten unsere Tour mit dem Rad in Rauris, verlassen den Ort in südlicher Richtung und fahren gut fünf Kilometer bis Wörth, wo wir dann vis à vis vom Andrelwirt rechts ins Seidlwinkltal abbiegen. Wir kommen am Schütthof und am Gasthof Weixn vorbei, passieren den Parkplatz Fleckweide und radeln in Richtung Klausen, wo bei einer Steigung von 28 Prozent ordentlich in die Pedale getreten werden muss. Die nächsten Stationen sind die auf 1286 Meter gelegene Gollehenalm und die Palfneralm, die sich schon auf 1334 Meter befindet. Bei der Palfneralm ist auch die Endstation des Tälerbusses. Bis zum Tauernhaus sind weitere 200 Höhenmeter zu überwinden. Wenn die Kraft noch reicht, geht die Tour weiter über die Seppenbauernalm hinauf zur Litzlhofalm, die schließlich bereits auf 1718 Meter und inmitten saftig grüner Almmatten liegt.

 Die auf 1330 m idyllisch gelegene Palfneralm wird naturnah bewirtschaftet. Serviert werden „Genuss"-Produkte aus eigener Milch und von den eigenen Rindern. Die große Attraktion für Kinder sind neben dem Spielplatz, Kälber, Kühe, Ponys und freilaufende Schweine. Alm des Jahres 2007. Geöffnet von Mitte Mai bis Oktober.

Palfneralm, Fam. Wölfler, Seidlwinkltal, 5661 Rauris, Tel. 0664/523 68 63, palfnerhof@aon.at, www.palfneralm.at

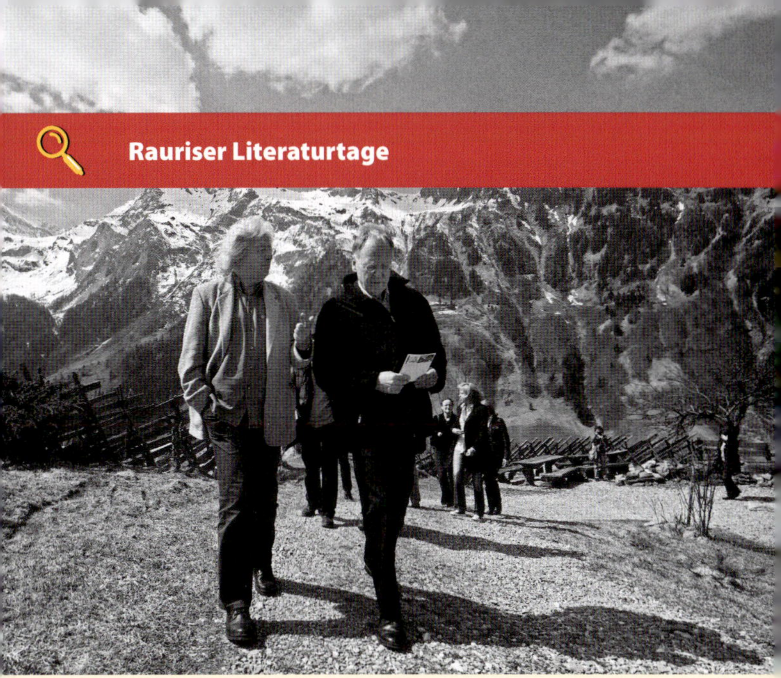

Rauriser Literaturtage

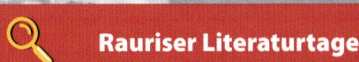

Wenn die Wiesen um Rauris aper sind, kommt die Literatur ins Tal und mit ihr die Texte, das Wichtigste an der Literatur. Freilich haben die Texte auch ihre Urheber dabei, Schriftsteller, Autoren, Literaten, Poeten – wie immer sie sich bezeichnen mögen. Auch der Literaturmarkt ist präsent, Verleger kommen, Agenten und Medien. Der rote Teppich aber gilt den Texten sowie den Zuhörerinnen und Zuhörern aus Rauris und dem ganzen Land Salzburg. Literatur ist nichts Abgehobenes, sondern spiegelt das Leben wider, kommt mitten aus dem Leben, das mit Glaube, Liebe, Hoffnung, Utopie, dem Geld und dem Tod die menschheitsalten Themen liefert. „In Rauris", so Brita Steinwendtner, die die Literaturtage über 20 Jahren geleitet hat, „konnte die Hemmschwelle gegenüber der Literatur im Laufe der Jahre um ein Vielfaches gesenkt werden". Um dieses Ziel zu erreichen und es auch für die Zukunft zu halten, kommt die Literatur in die Schule, in die Gasthöfe und in die Bauernstuben.

Man schrieb das Jahr 1971 und Österreich befand sich am Beginn eines gesellschaftspolitischen Umbruchs, als der Schriftsteller Erwin Gimmelsberger die ersten Literaturtage ganz im Geist der damaligen Zeit als sozialpolitisches Anliegen in die ehemalige Goldgräber-Domäne brachte. Ilse Aichinger, die große alte Dame der österreichischen Nachkriegsliteratur, Gabriele Wohmann, etwas in Vergessenheit geratene Stimme der neuen deutschen Innerlichkeit, der stille Gerhard Amanshauser und Thomas Bernhard, dessen Stern um diese Zeit hell zu leuchten begann, lasen vom 14. bis 27. Februar 1971 und Hans Weigel hielt einen Festvortrag über das Österreichische in der österreichischen Literatur. 1972 erhielt Bodo Hell den ersten Rauriser Literaturpreis für die drei Bergerzählungen „Dom, Mischabel, Hochjoch". Seither wird dieser Preis jedes Jahr für die beste deutschsprachige Prosa-Erstveröffentlichung vergeben und durch einen Förderpreis ergänzt.

1971 verständigten sich die Landeshauptleute von Kärnten, Salzburg und Tirol mit der Heiligenbluter Erklärung auf die Gründung des Nationalparks Hohe Tauern, der im Laufe der 1980er-Jahre realisiert wurde und Rauris ebenso prägt wie die Literaturtage. Diese schaffen es durchgehend seit über 40 Jahren und noch dazu erfolgreich, Literatur auf dem Land zu vermitteln. Wenn Brita Steinwendtner über Rauris und die Literatur spricht, ist Liebe im Spiel, nach wie vor der beste Stoff, aus dem die Zukunft gebaut wird. Insofern kann man sich ruhig zurücklehnen und entspannt auf den nächsten Frühling warten, denn der Themenvorrat ist unerschöpflich. Anders als das Gold geht das Leben nie aus. Das Schürfen nach Sprache ist das Handwerk der Literatur. Dem Unaussprechlichen eine Sprache zu geben, ist ihre Aufgabe. Und die Stollen der Sprache, die Wort- und Begriffslager, in denen geschürft wird, führen mitten in unser Leben und treffen dort auf das Helle und das Dunkle, wobei es in den seltensten Fällen die Sonne ist, die die Schatten wirft. Rauris mag seinerzeit durchaus als Kosmos verdichteter Provinz wahrgenommen worden sein, die dringend der leuchtenden Fackel bedurfte. Im Laufe der Zeit hat dieses Bild aber völlig andere Assoziationen entfacht. Kurzum, es tut der Literatur gut, in Rauris zu sein, dies nicht zuletzt auch deshalb, weil die Rauriser wissen, wie mit bedrohten Welten umzugehen ist: 40 Prozent des Gemeindegebiets liegen im Nationalpark Hohe Tauern – auch ein Kosmos, den es zu bewahren gilt.

Ein Meer aus Kalk

Vom Saalachjoch zu den Steinbergen

Wie die Salzach so entspringt auch die Saalach an der Grenze zu Nordtirol, und beide fließen zuerst in östlicher Richtung, um sich dann nach Norden zu wenden – die Salzach bei St. Johann im Pongau und die Saalach bei Maishofen. Mit einer Länge von 103 Kilometern, davon gut 70 auf heutigem Salzburger Boden, ist die Saalach um mehr als die Hälfte kürzer als die Salzach, Salzburgs längster Fluss. Das Quellgebiet der Saalach liegt im Saalkar, einem nördlichen Ausläufer der Kitzbüheler Alpen, auf 1940 Meter. Die Saale, wie der Fluss bis ins 19. Jahrhundert hinein hieß, war Namensgeberin für Orte wie Saalbach und Saalfelden oder für das Anwesen Schloss Saalhof in Maishofen.

So wie das Glemmtal hat kein anderes Tal im Pinzgau sein Gesicht in den vergangenen 100 Jahren verändert. Bis ins ausgehende 19. Jahrhundert war das Tal, fern aller Verkehrsanbindungen, ein „hinterschadeger" Landstrich im Kronland Salzburg mit ein paar Dutzend Bauernhöfen. Dieser Mundartausdruck wird oft mit „zurückgeblieben" übersetzt. Um nicht ungerecht zu werden, sollte aber eher von „abgelegen" die Rede sein. Heute ist Saalbach-Hinterglemm eine boomende Wintersportdestination mit insgesamt 55 Seilbahnen und Liften, etwa 18.000 Gästebetten und jährlich an die zwei Millionen Nächtigungen. Es ist die Topografie, die das Glemmtal zu einer der bedeutendsten österreichischen Wintersportregionen machte. Die Kuppen der Schieferalpen, von denen das Tal auf beiden Seiten umschlossen wird, sind nur mäßig bewaldet und der Höhenrücken verläuft auf gut 2000 Meter: alles in allem ideale Bedingungen für das Anlegen von Skipisten.

Wie gut es die Natur mit dem Glemmtal gemeint hat, erlebt der Bergwanderer aber auch im Sommer, wenn er auf den Höhen der Kitzbüheler Alpen unterwegs ist und trotz aller technischen Eingriffe noch immer über die geschlossene Schönheit der Landschaft ins Schwärmen kommen kann.

Im Maishofener Ortsteil Kirchham wendet sich die Saalach nach Norden, um neun Kilometer später an Saalfelden, einer der jüngsten Städte des Landes vorbeizufließen. Vor Harham, östlich von Kirchham gelegen, führt am linken Ufer der Weg zur Sausteige hinauf. Auf dem Weg dorthin kommt man an der Stablbergkapelle vorbei, die Anton Faistauer in den 1920er-Jahren mit Fresken ausgestattet hat. Faistauers Vater hatte nach dem Verkauf des Grubhofes in St. Martin neben dem Gasthof Post im Zentrum von Maishofen auch das Stablberggut erworben. Ab Maishofen sind es die Steinberge der Nördlichen Kalkalpen, die die Saalach fast bis zur Mündung in die Salzach begleiten.

Das Saalfeldener Becken liegt eingebettet zwischen Steinernem Meer und Hochkönigmassiv, den Leoganger Steinbergen und den Pinzgauer Grasbergen. Von weiter her winkt das Kitzsteinhorn. Die exponierte und fruchtbare Gegend am Zusammenfluss von Saalach, Leoganger Ache und Urslau, vor allem aber das reiche Vorkommen an Bodenschätzen haben schon früh zu einer ersten dauerhaften Besiedlung geführt. In der Bronzezeit wurden Kupfer und Silber abgebaut, die Kelten siedelten auf dem Biberg, während die nachfolgenden Römer die Verbindungswege entlang der Saalach zu nutzen wussten. Saalfelden ist eine der größten Bajuwarensiedlungen im Pinzgau. Den Grundstein für die Entwicklung Saalfeldens zum Schul-, Wirtschafts- und Kulturzentrum des Pinzgaus hat zweifellos 1875 die Eröffnung der Westbahnstrecke gelegt. Obwohl die Strecke von Saalfelden nach Salzburg durch das Saalachtal erheblich kürzer ist als der Umweg über Zell am See und das Salzachtal, stand einem Ausbau des öffentlichen Verkehrs bis heute das kleine deutsche Eck im Weg.

Anders als in der Bezirkshauptstadt Zell am See, die ihre Karriere zuerst den Sommerfrischlern und später den Millionen von Wintersportlern verdankte, war in Saalfelden viel mehr Platz für die Ansiedlung von Gewerbebetrieben, Geschäften und Schulneubauten vorhanden. Die sich in Saalfelden kreuzenden Verkehrswege aus Tirol über Leogang und aus dem Bergbaugebiet um Mühlbach über Dienten und Maria Alm haben das ihrige zur Entwicklung beigetragen, sodass seit dem Jahr 2000 von Saalfelden als Stadt gesprochen wird und den jüngsten statistischen Erhebungen zufolge auch von der einwohnerstärksten Gemeinde des Pinzgaus. Die Gründung des Jazzfestivals vor über 30 Jahren war ein kultureller Paukenschlag, und das 2002 eröffnete Kunsthaus Nexus der konsequente Schritt in der weiteren Entwicklung von Saalfelden als einem Ort der künstlerischen Avantgarde im Pinzgau.

Wie gesagt, es war der Bergbau, der die Geschichte dieser Region geprägt hat, insbesondere der in Leogang/Hütten am Eingang ins Schwarzleotal, wo auch das Silber für die Münzen der Salzburger Fürsterzbischöfe abgebaut wurde. Dass sich heute in Hütten ein Bergbau- und Gotikmuseum befindet, ist zwar der Montangeschichte geschuldet, aber einzig und allein der Verdienst Hermann Mayrhofers, der zuerst als Amtsvorsteher der Gemeinde Leogang und nach der Pensionierung als nimmermüder Kustos eine Schatztruhe der besonderen Art geschaffen hat. Die Geschichte des Bergbaus ist das eine Thema, gotische Sakralkunst das andere. Der ebenso geschickten wie beharrlichen Tätigkeit des Kustos ist es zu verdanken, dass das Museum neben vielen anderen Kostbarkeiten aus dem Salzburger und südbayerischen Raum auch eine der seltenen Löwenmadonnen ausstellen kann.

Die heutige Landesstraße 164 führt von der salzburgisch-tirolerischen Grenze über den Pass Grießen sowie über Leogang, Saalfelden und Maria Alm nach Dienten und weiter in den Pongau nach Bischofshofen. Damit verband dieser Weg schon in der Frühzeit zwei wichtige Bergbaugebiete miteinander.

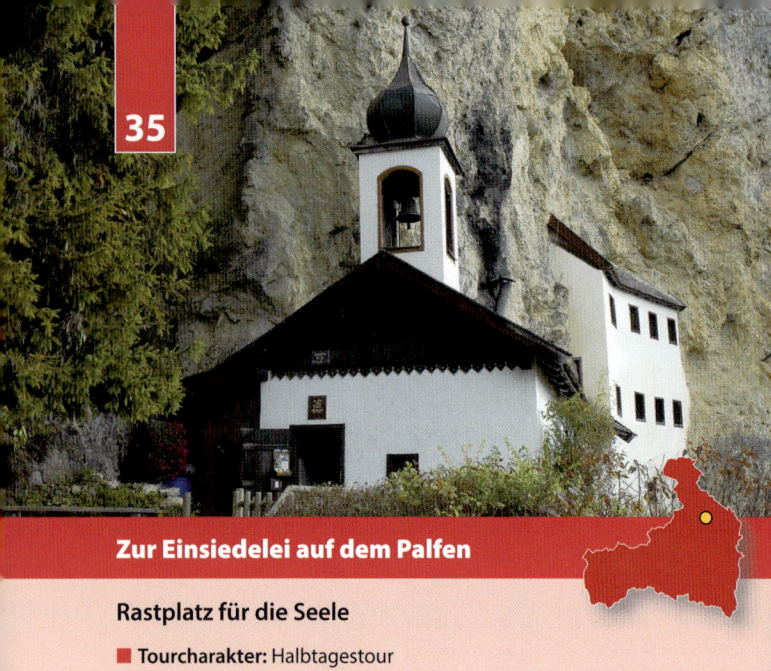

35

Zur Einsiedelei auf dem Palfen

Rastplatz für die Seele

- **Tourcharakter:** Halbtagestour
- **Ausgangs- und Endpunkt:** Parkplatz, Saalfeldener Stadtteil Bürgerau
- **Weglänge:** 4 km
- **Gesamtdauer:** 3 h mit Aufenthalt in der Einsiedelei
- **Höhenunterschied:** 180 hm
- **Besonderheit:** Eine der letzten bewohnten Eremitagen in Europa

Raimund von der Thannen, Regularoblate (früher: „Laienbruder") des Benediktinerstifts St. Lambrecht in Oberösterreich, verbringt die Sommer auf dem Palfen oberhalb von Schloss Lichtenberg im Saalfeldener Stadtteil Bachwinkl. Bruder Raimund ist eine idealtypische Besetzung für den „Job" des Einsiedlers, wenn man es so salopp formulieren darf. Nach einem bewegten Leben mit dynamischen Auf- und Abwärtstrends an denen konstante Spielleidenschaft beteiligt war, entschloss er sich, ins Kloster zu gehen, um mit sich selbst ins Reine zu kommen. So beschreibt er denn auch die Einsiedelei als einen „Rastplatz der Seele" und spricht damit wohl sehr vielen Menschen, die unter den Ermüdungserscheinungen unserer Zivilisation leiden, aus dem Herzen. Hier gibt es weder fließendes Wasser noch Strom – nicht einmal einen Brunnen. Um das Brennholz muss sich der Einsiedler selbst kümmern, das Wasser trägt er täglich vom Schloss Lichtenberg den steilen Weg bis zur Klause hinauf, während er zum Duschen in die Stadt hinunter muss, wo ihm der örtliche Fußballverein einen Schlüssel für die Dusche überlassen hat.

Die Einsiedelei auf dem Palfen ist eine der wenigen noch bewohnten Klausen. Ihr Ursprung war eine Felshöhle, in der ein Bildnis des heiligen Georg verehrt wurde, weshalb auch heute noch rund um den Georgitag (23. April) auf dem Palfen eine Messe gelesen wird. Die Ursprünge der Einsiedelei gehen auf die Mitte des 17. Jahrhunderts zurück. Obwohl das Leben als Einsiedler zu Beginn des 19. Jahrhunderts zur Zeit der josephinischen Reformen verboten war, blieb die Klause trotzdem nie über längere Zeit unbewohnt. Während sich der Einsiedler heute selbst erhalten muss, hatte er früher das Privileg der Feuerwache und die Erlaubnis, in den Gemeinden um Saalfelden Spenden in eigener Sache zu sammeln. Dennoch übt er noch immer so etwas wie ein öffentliches Amt aus, wird er doch vom Bürgermeister angelobt und vom Pfarrer feierlich installiert. Seelsorge-Aufgaben übernimmt er insofern, als er für die Sorgen und Nöte der Besucher – jährlich 15.000 bis 20.000 Menschen – ein offenes Ohr hat. Die Gespräche werden vor der Klause geführt, das Innere der Einsiedelei ist für die Besucher tabu.

Wir beginnen den Anstieg zur Einsiedelei auf dem Palfen beim Parkplatz in Bürgerau. Die Straße führt als Privatweg weiter bis zum Schloss Lichtenberg, dessen Ursprünge im ausgehenden 13. Jahrhundert liegen, das in Privatbesitz steht und nicht besichtigt werden kann. Am unteren Ende des Parkplatzes halten wir uns links, der Eingang zum Weg ist nicht zu übersehen, und kommen so ohne Irrungen am Schloss vorbei und bis zur Klause. Für den Rückweg wählen wir die längere und steilere Variante hinunter in den Stadtteil Bachwinkl.

36

Von Maria Alm nach Weißbach

Wo der Stein den Ton angibt

- **Tourcharakter:** Zweitagestour mit Übernachtung
- **Ausgangspunkt:** Maria Alm, Griesbachtal, Parkplatz Sandten
- **Endpunkt:** Weißbach, Naturpark-Informationsstelle
- **Weglänge:** 20 km
- **Gesamtdauer:** 13 h
- **Höhenunterschied:** 1500 hm
- **Besonderheit:** Unberührte Karstlandschaft

Das Steinerne Meer – größter Gebirgsstock der Berchtesgadener Alpen – präsentiert sich trotz seiner annähernd 70 Gipfel als in sich geschlossener Gebirgsstock. Das mag hauptsächlich daran liegen, dass nur wenige Gipfel markant und prominent herausragen und dass die Schartenhöhe der meisten Gipfel die 100-Meter-Grenze nicht überschreitet. Die Karstlandschaft der dadurch gebildeten Hochflächen ist über weite Strecken noch vollkommen unberührt, was auf viele alpine Wanderer eine besondere Faszination ausübt. Das Innere des Steinernen Meeres, das von einem weitflächigen Höhlensystem durchzogen ist, ist bislang bis auf wenige Ausnahmen fast unerforscht.

Eine der wenigen Hütten im Steinernen Meer ist das auf 2177 Meter gelegene Riemannhaus. Es gilt als Sammelpunkt für die alljährliche Wallfahrt von Maria Alm nach St. Bartholomä am Königsee, die am Samstag nach dem Bartholomätag, der auf den 24. August fällt, stattfindet. Der heilige Bartholomäus war einer der zwölf Apostel und wurde der Legende nach bei lebendigem Leib gehäutet. Da er als der Schutzherr der „Almbauern und Sennerinnen" gilt, war diese älteste Gebirgswallfahrt Europas immer gut besucht. Ihren Ursprung nahm sie im 17. Jahrhundert, als auch im Pinzgau die Pest wütete.

Unsere erste Station auf der zweitägigen Wanderung von Maria Alm nach Weißbach ist das 1885 eröffnete Riemannhaus, das nach dem ehemaligen Ehrenvorsitzenden der Sektion Pinzgau des Deutschen Alpenvereins, Rudolf Ehrenreich Riemann, benannt ist. Wir starten mit der Tour beim Parkplatz Sandten im hinteren Griesbachtal. Zuerst gehen wir eine halbe Stunde auf einer schmalen Schotterstraße bis zur Talstation der Materialseilbahn. Von dort führt der Steig an einer Felsnische vorbei und dann weiter über unzählige Serpentinen durch Gras- und Latschenhänge hinauf bis auf eine Höhe von etwa 2000 Meter. Ehe wir das Riemannhaus auf der Ramseider Scharte zu Gesicht bekommen, müssen wir einige seilgesicherte Passagen mit Stufen überwinden. Der letzte Abschnitt bis zur Hütte ist wieder leichter zu begehen.

Tag 2

Der nächste Tag beginnt früh, weil für die heutige erste Etappe vom Riemannhaus über den 1932 angelegten und über sechs Kilometer langen Eichstätter Steig bis zum Ingolstädter Haus etwa drei Stunden veranschlagt sind, die wir vom ersten bis zum letzten Schritt genießen. Nicht so sehr, weil der Steig ohne nennenswerte Höhenunterschiede auskommt, sondern vielmehr wegen des fast meditativen Charakters der faszinierenden Steinlandschaft. Vom Ingolstädter Haus, es liegt in der Dießbachscharte auf 2119 Metern, führt der weitere Weg über den Anfang der 1960er-Jahre errichteten Dießbachstausee und über die Kallbrunnalm im Naturpark nach Weißbach.

37

Mit dem Dorfj@t auf den Natrun

Maria Almer Haus- und Erlebnisberg

- **Tourcharakter:** Halbtagestour für die ganze Familie
- **Ausgangs- und Endpunkt:** Talstation Gondelbahn Natrun
- **Weglänge:** 3 km
- **Gesamtdauer:** 1 h reine Gehzeit
- **Höhenunterschied:** 150 hm
- **Besonderheit:** Bogenschießen auf der Jufenalm

Um mit der Seilbahn, auf gut Pinzgauerisch dorfj@t genannt, auf den 1235 Meter hohen Natrun zu fahren, dafür gibt es eine ganze Handvoll guter Gründe. Einer davon ist der fantastische Blick in die schroffe Welt des Steinernen Meeres. Von den heimischen Marketingstrategen zum „Erlebnisberg" geadelt, eignet sich der Natrun bestens für einen Halbtagesausflug mit der Familie. Nach einer kurzen Fahrt mit der Bahn – es sind kaum mehr als 300 Höhenmeter zu überwinden – wartet der Walderlebnisweg, der bis zum Jufen hinaufführt, quasi vor der Tür der Bergstation. Der gut ausgeschilderte Weg führt über zwölf Stationen bis zum Berggasthof und gibt sachlich-unaufdringliche Erläuterungen zum Kosmos Wald. Wer sind seine Bewohner? Was wächst und blüht im Wald? Was hat es mit den Jahresringen eines Baumes auf sich? Wer in der Gegend Urlaub macht, gerne einmal von oben nach unten ins Tal schaut und mit den Kindern gemeinsam den Wald erleben will, kommt ganz auf seine Kosten. Neben dem Erlebnisweg steht auch ein Waldseilgarten mit „Schlawutzel"-Kinderbaumweg zur Verfügung.

Bis zum Jufen, über den ein Saumweg führt, der bereits in der Römerzeit genutzt wurde, gehen wir, ohne den Aufenthalt bei den einzelnen Erlebnisstationen einzurechnen, etwa eine Stunde. Der Weg ist auch als Nordic-Walking-Parcours geeignet und Teil des Königswegs, einem Rundwanderweg um das Hochkönigmassiv. Wer etwas mit dem Bogensport zu tun hat oder sich dafür interessiert, wird die Bogensport-Anlage beim Gasthof Jufenalm, in dessen Küche die Pinzgauer Hausmannskost hoch im Kurs steht und entsprechend gut schmeckt, ohnedies kennen. Sie geht auf eine Initiative des Heeressportverbandes Saalfelden zurück und steht auch Tagesbesuchern offen, die sich gegen ein Entgelt Bogen und Pfeile samt Arm- und Fingerschutz ausleihen können.

Die Jufenalm präsentiert sich am Ende des Erlebnisweges als ein kleines Sommermärchen. Das gemütliche Almrestaurant mit herrlicher Sonnenterrasse ist die ideale Einkehr für Familien. Auf Jung und Alt warten ein Wildgehege, ein Kinderspielparadies mit Riesenrutsche und Trampolin und der Sportbogenparcours.

Berggasthof Jufenalm, Jufen 10, 5761 Maria Alm, Tel. 06584/71 52, gasthof@jufenalm.at, www.jufenalm.at

38

Triefen

Ein Vorhang aus Wasser

- **Tourcharakter:** Gemächliche Halbtageswanderung
- **Ausgangs- und Endpunkt:** Parkplatz Hochmaisbahn, Hinterthal
- **Weglänge:** 4,5 km
- **Gesammtdauer:** 3 h mit Aufenthalt
- **Höhenunterschied:** 70 hm
- **Besonderheit:** Jüngstes Naturdenkmal im Land

Die Nase trieft oder auch der Wasserhahn. Sagt das heute noch jemand? Die Nase tropft und der Wasserhahn auch. Noch weniger gebräuchlich und sogenannter Altbestand unserer Sprache ist die Mitvergangenheitsform „troff". Wenn schon jemand von triefender Nase erzählt, dann triefte heute, was gestern noch troff.

Mit solchen und ähnlichen Gedanken beschäftigen wir uns aber erst auf dem Rückweg von den Triefen. Gute zwei Stunden zuvor stellen wir das Auto auf dem Parkplatz der Hochmais-Bergbahnen ab, überqueren die Straße und gehen in die Ortschaft Hinterthal, die zur Gemeinde Maria Alm gehört und auf einer Höhe von 1020 Metern am Westabfall des Hochkönigs liegt. Wir gehen an der Urslau entlang durch den Ort, während sich vor uns die idyllisch-imposante Bergwelt des Hochkönigs auftürmt. Eben diese Lage war es auch, die Hinterthal den Ruf als Ort für exquisite Feriendomizile einbrachte. Seit den späten 1960er-Jahren kamen sie, unter ihnen Walter Scheel, ehemaliger Minister und Bundespräsident der Bundesrepublik Deutschland, und blieben viele Jahrzehnte. Ein anderer Deutscher, ein gewisser Hermann Schmidtmann, Düngemittelfabrikant aus dem thüringischen Schmalkalden, kam schon früher nach Hinterthal, um das Poschengut zu erwerben. Was heute als landwirtschaftlicher Gutsbetrieb geführt wird, wurde zu Beginn des 16. Jahrhunderts unter Matthäus Lang als Jagdschloss der Fürsterzbischöfe erbaut. Seit das uralte Wegerecht an Bestand verloren hat, ist die Sicht auf das Hauptgebäude durch Zäune und Hecken verstellt. Hermann Schmidtmann erwarb auf seiner damaligen Immobilien-Einkaufstour durch den Pinzgau neben dem Poschengut auch noch Schloss Grubhof bei St. Martin und Schloss Oberrain bei Unken.

Wir gehen auf der rechten Seite des Bachs weiter und kommen nach einer guten halben Stunde zu einer Weggabelung, an der wir uns rechts halten und nach mehreren hundert Metern beim Troifnfall ankommen, wie Salzburgs jüngstes Naturdenkmal auf einer alten Tafel beschrieben steht. Das Besondere an der Triefen, einem knapp 100 Meter breiten „Wasserfall", der sich über zwei bis drei Meter hinunter in die Urslau ergießt, ist ein horizontaler Quellaustritt, der ihn speist. Das Wasser perlt über eine undurchlässige Konglomeratschicht und eine quelltuffbildende Moosschicht. Wenn die Sonnenstrahlen direkt aufs Wasser treffen, zeigt sich dieses Naturschauspiel von seiner schönsten Seite.

Dass die Triefen in Hinterthal 2001 zum Naturdenkmal erklärt wurde, zeigt ein weiteres Mal, dass sich unser Verständnis von Naturschutz doch seit einigen Jahrzehnten zum Positiven wendet. Müssen es doch nicht mehr nur spektakuläre Schauspiele sein, gilt heute erfreulicherweise auch das scheinbar Unscheinbare als schützenswert. Ob das Wasser jetzt triefte oder troff ist dabei von untergeordneter Bedeutung.

39

Von Dienten auf den Klingspitz

Im Osten der Grasberge

- **Tourcharakter:** Tagestour
- **Ausgangs- und Endpunkt:** Dienten
- **Weglänge:** 17 km
- **Gesamtdauer:** 7 h
- **Höhenunterschied:** 1000 hm
- **Besonderheit:** Inmitten der Salzburger Bergwelt

Wenn die Einheimischen von Dienten sprechen und „Deant'n" sagen, meinen sie nicht nur den kleinen ehemaligen Bergbauort, sondern das gesamte Hochtal, das sich im Süden bis Lend erstreckt und gleichzeitig die historisch gewachsene Grenze zwischen Pinzgau und Pongau darstellt. Man fuhr in die Deant'n hinein und nicht nach Dienten. Die Entstehung des Namens geht auf das Keltische „tu" (= Seite) und „tynen" (= umschließen) zurück. Dienten wird tatsächlich auf allen Seiten von Bergen umschlossen, wovon sich der Hochkönig als der mächtigste hervortut. Ihm gegenüber erstrecken sich die sanften Höhenzüge der Pinzgauer Grasberge gegen Westen. Urkundlich wurde

Dienten erstmals 963 n. Chr. erwähnt, und Aufzeichnungen über den Abbau von Eisenerz reichen bis an den Beginn des 13. Jahrhunderts zurück. Wie in allen anderen Bergbaugebieten des Pinzgaus wurden auch hier die Erträge immer geringer und der Abbau entsprechend unrentabel. Das endgültige Aus kam 1964, was für die Gemeinde bis zur Stärkung des Tourismus eine schwierige wirtschaftliche Phase bedeutete.

Startplatz für unsere Tour auf den Klingspitz ist der Pfarrhof. Damit sind wir bei einer weiteren Besonderheit von Dienten: Der Anstieg zum Kirchbühel ist konkurrenzlos steil. Bekannt ist die Kirche, deren heutige Form auf das Jahr 1505 zurückgeht, wegen der exponierten Lage und ihrer Architektur, gilt sie doch als einzige zweischiffige Hallenkirche im Land Salzburg. Der Blick über Dienten und zum Massiv des Hochkönigs lohnt den Aufstieg in jedem Fall. Uns führt der Weg Nr. 440 weiter und wir steigen nordöstlich des Kirchbühels zuerst über Weidegebiet und später durch den Wald steil bergauf. Nach Überqueren der Forststraße und eines Bächleins geht es wiederum steil bis zum Boden der Sommereralm weiter. Nach Durchqueren der Almböden kommen wir zur Forststraße, auf die wir links einbiegen und bis zum Mühllehen-Tor hinaufgehen. Nachdem wir den Weidezaun überquert haben, ist der Klingspitz bereits in Sichtweite. Wir bleiben weiter auf dem Weg Nr. 440, der über sanfte Almböden auf die Marbachhöhe (1814 Meter), führt. Bei der nächsten Weggabelung geht es links auf den Weg Nr. 14a und direkt auf den Gipfel des Klingspitzes. Wir stehen auf 1988 Meter und genießen den Panoramablick ins Gasteiner- und Raurisertal und weiter zum Glocknermassiv mit dem Wiesbachhorn im Vordergrund, zum Hundstein und in die Kalkalpen.

Der Rückweg verläuft zuerst wie der Anstieg über die Wege Nr. 14a und 440. An der Gabelung mit Weg Nr. 11 biegen wir rechts in Richtung Reicheralm ab. Von dort geht es über den Forstweg auf einer Strecke von zwei Kilometern bis zur Abzweigung nach Grünegg. Der weitere Rückweg bis zur Kirche nimmt noch einmal eine gute halbe Stunde in Anspruch.

40

Sonnenaufgang auf dem Tristkogel

Das frühe Aufstehen lohnt sich

- ■ **Tourcharakter:** Halbtagestour
- ■ **Ausgangs- und Endpunkt:** Parkplatz hinter dem Hochseilgarten in Hinterglemm
- ■ **Weglänge:** 8,5 km
- ■ **Gesamtdauer:** 4,5 h
- ■ **Höhenunterschied:** 1000 hm
- ■ **Besonderheit:** Frühmorgendlicher Aufstieg in der Dunkelheit zu einmaligen Ausblicken

Der 2095 Meter hohe Tristkogel wirkt wie ein Wächter über das Glemmtal. Ihm entgeht nichts, er sieht alles, vom Hochkönig über die Hohen Tauern bis zum Wilden Kaiser und über die Leoganger und Loferer Steinberge bis zum Steinernen Meer. Doch zum grandiosen Panorama kommen wir später. Der imposante Kegel in den Pinzgauer Grasbergen steht an der salzburgisch-tirolerischen Grenze und dient von der Kitzbüheler Seite aus als Etappenziel für die „Tristkogel Challenge". Das ist ein sportlicher Wettbewerb, in dem Zweierteams in den Disziplinen Berglaufen, Biken und Orientierung nicht nur gegen die Konkurrenten, sondern auch mit der eigenen Konstitution kämpfen – eine ziemliche Herausforderung an die physische und psychische Belastbarkeit. Auch wir haben eine Herausforderung vor uns, als wir um vier Uhr früh auf dem Parkplatz stehen und auf Toni Hasenauer, den Bauern und Wirt vom Hinterglemmer Unterschwarzachhof, warten. Unter seiner Führung macht sich die kleine Gruppe, ausgerüstet mit Stirn- und Stablampen, auf den Weg. Die ungewohnt frühe Stunde und die Dunkelheit erfordern volle Konzentration, um nicht schon auf den ersten Metern zu stolpern. Schneller als erwartet stellen wir uns auf die Umstände ein und bleiben auch nicht so wortkarg wie zu Beginn des Aufstieges.

Wer den Weg nicht kennt und nicht an Nachtwanderungen gewöhnt ist, sollte die Tour nur in Begleitung machen. Wir haben das Glück, mit Toni Hasenauer einen sehr ortskundigen und bergerfahrenen Mann an unserer Seite zu haben, der jeden Tritt kennt und die Gruppe zusammenhält. Nach einer guten halben Stunde kommen wir an der Ossmannalm vorbei und nach einer weiteren durchqueren wir das Saaljoch, das Quellgebiet der Saalach. Sprudelt die Quelle der Saalach anders als die der Salzach, die nur ein paar Kilometer Luftlinie entfernt am Salzachjoch entspringt? Wir haben es noch nicht erforscht, wollen das aber bei Gelegenheit nachholen. Nach einer weiteren guten halben Stunde sehen wir erste Lichter im Tal, es sind die von Hochfilzen. Bei der Scharte, wo die Landesgrenze zwischen Tirol und Salzburg verläuft, glänzen die Lichter von

Kitzbühel herauf und darüber funkeln die Signallampen auf dem Kitzbüheler Horn. Danach wird es schnell heller, und Toni Hasenauer mahnt zum zügigen Weitergehen, damit wir auf dem Gipfel genug Zeit haben, um uns auf das Schauspiel des Sonnenaufgangs einzustimmen. Die letzten Meter sind dann doch noch eine kleine Herausforderung und verlangen absolute Trittsicherheit.

Kaum eine Lichtregie auf der Bühne kann so effektvoll arbeiten. Der Morgen ist glasklar, und die Spitzen von Steinernem Meer und Hochkönigmassiv beginnen sich zügig in Zartrosa zu färben, während das Tal noch in völliger Dunkelheit liegt. Gebannt verfolgen wir, wie immer mehr Zacken angestrahlt werden. Wie schön der Großglockner vom Tristkogel aus zu sehen ist, nehmen wir spätestens dann wahr, als ihn die aufgehende Sonne wie einen Musterschüler glänzend ins Licht stellt. Wenige Minuten später ist der Großvenediger an der Reihe – und unser Glück perfekt.

Um diese Augenblicke entsprechend zu genießen, sollte mit dem Aufstieg mindestens zweieinhalb Stunden vor dem Sonnenaufgang begonnen werden. Als die Ostflanke des Kegels in sattes Orange getaucht ist, machen wir uns an den Abstieg über den Hochtorsee. Danach kehren wir auf der Anstiegsroute, diesmal bei Tag, ins Tal zurück.

41

Hochseilpark Hinterglemm

Abenteuerspielplatz im Talschluss

- **Tourcharakter:** Tagesausflug mit der Familie
- **Ausgangs- und Endpunkt:** Parkplatz Hinterlengau
- **Weglänge:** 5 km
- **Gesamtdauer:** 2 h
- **Höhenunterschied:** 100 hm
- **Besonderheit:** Fliegen wie „Superman"

Der Talschluss des Glemmtals ist ein riesiger Spielplatz für Groß und Klein. Der besondere Anziehungspunkt dabei ist unbestritten die 200 Meter lange „Golden Gate Bridge der Alpen". Sie ist mit dem „Baumzipfelweg" verbunden, der bis zu 30 Meter über dem Waldboden, fast in Wipfelhöhe, über Brücken, Aussichtsplattformen und Türme führt und so vor allem Kindern einen neuen und spannenden Blick auf den Wald freigibt. Wir erreichen den Hochseilpark bei der Lindlingalm über den Wanderweg, der beim Parkplatz Hinterlengau beginnt.

Als es über unseren Köpfen plötzlich sirrend pfeift, sehen wir, wie in Sekundenschnelle ein Fan von „Superman" am Seil übers Tal rast. Wie dabei der eigene Adrenalinspiegel in die Höhe schnellt – das wollen wir uns selbstverständlich nicht entgehen lassen. Nach Erledigung der Formalitäten, dem Überstreifen der Halterungen und den Instruktionen des Coaches schlägt auch unsere Stunde, um mit 70 Stundenkilometern über das Tal zu pfeifen. Der erste Parcours ist 700 Meter lang und verläuft etwa 120 Meter über dem Boden. Weil auch ein bisschen Angst im Spiel und alles ganz schnell vorbei ist, sind wir sehr froh darüber, dass wir es gleich noch einmal versuchen können. Der 600 Meter lange zweite Flug lässt sich durchaus schon etwas genießen. Auf der dritten Seilrutsche flutscht man schließlich etwa 500 Meter sitzend übers Tal, und wir fühlen uns dabei, als ob wir das schon immer mit größter Freude gemacht hätten. Zu guter Letzt kehren wir zirkusreif auf einem Bike 40 Meter über dem Boden zur Basis zurück. Neben der spektakulären Europarutsche bietet der Hochseilgarten Kletterparcours für Kraxelanfänger und -profis.

Wer am buchstäblichen Boden der Realität bleiben oder nach einem kühnen Flug wieder dorthin zurückkehren will, kann Schnitzas Holzpark besuchen, einen großzügig angelegten Erlebnisspielplatz zum Thema Holz mit riesigen Holztieren, einer Kuh aus Holz zum Wettmelken sowie Balancierbalken und Pfählen zum darauf Herumturnen. Wer immer noch nicht genug gesehen und erlebt hat, wird auch das „Teufelswasser" nicht auslassen und während der Wanderung durch den Wasser-Themenpark im Kneippbecken treten, am Fischteich verweilen und sich durch das Klappern des Mühlrades in die Welt eines Märchens versetzt fühlen.

Auf den Reiterkogel

Die Sonnseite der Grasberge

- **Tourcharakter:** Halbtageswanderung mit Kindern
- **Ausgangs- und Endpunkt:** Talstation der Reiterkogelbahn
- **Weglänge:** 3,5 km (Rundweg)
- **Gesamtdauer:** 2–3 h
- **Höhenunterschied:** 350 hm
- **Besonderheit:** Eifriges Rätselraten ist gefragt

Die Begeisterung der Kinder für die Berge ist nicht selbstverständlich angelegt, sie muss geweckt werden. Das funktioniert dann besonders gut, wenn die Bewegung nicht im Vordergrund steht und alle Aufmerksamkeit auf Technik und Abenteuer gerichtet ist. Schon die Fahrt mit der Gondelbahn ist für Kinder immer wieder ein aufregendes Erlebnis, das im Gedächtnis haften bleibt. Wie schnell Höhenunterschiede von 1000 Metern und mehr überwunden werden können, bleibt ein Faszinosum, das die Fantasie der Kinder anregt und einen etwaigen Unwillen zur Bewegung in den Hintergrund drängt.

Von der Bergstation der Reiterkogelbahn führt ein dreieinhalb Kilometer langer Rundweg bis zur Mittelstation, auf dem Kodok, der listige und pfiffige Kobold, dem Clown das Leben schwer macht. Nachdem er ihm die Mütze geklaut hat, fangen die Neckereien und Spielereien erst so richtig an. An zahlreichen Spielestationen werden den Kindern knifflige Fragen gestellt. Die einzelnen Rätsel und Spiele liefern Buchstaben, die in den Abenteuerpass, den die Kinder bei der Seilbahn bekommen, eingetragen werden müssen. Waren die Kinder beim Lösen der Fragen an allen Stationen erfolgreich, kann am Ende des Weges mithilfe der Dechiffriertafel das Lösungswort zur Befreiung der verschwundenen Mütze gefunden werden. Wird die Karte bei der Talstation abgegeben, erhalten die Kinder einen Mützensticker und nehmen außerdem an einem Gewinnspiel teil.

Bei der Mittelstation, wo der Weg endet, kann noch ein Foto geschossen und sofort als E-Card verschickt werden. Es könnte schwierig werden, die Kinder zu überreden, nicht mit der Gondel ins Tal zu fahren, sondern über die Rosswaldhütte und Wieseralm ins Tal zu gehen. Einen Versuch ist es dennoch wert. Der Blick bis zum Talschluss, zum Zwölferkogel hinauf und in den Schwarzacher Graben wird eher für die Erwachsenen von Interesse sein. Geht die Familie zu Fuß ins Tal, darf auf gar keinen Fall auf die Abgabe der Karte vergessen werden, denn sonst gibt's keinen Sticker.

43

In Hütten bei Leogang

Von der gotischen Madonna zum Schaustollen

- ■ **Tourcharakter:** Tagesausflug mit der Familie
- ■ **Ausgangs- und Endpunkt:** Bergbau- und Gotikmuseum Leogang
- ■ **Weglänge:** 8 km
- ■ **Gesamtdauer:** 6 h mit Besichtigungen
- ■ **Höhenunterschied:** 200 hm
- ■ **Besonderheit:** Schaustollen

Wenn vom Bergbau in Leogang die Rede ist, ist stets die Ortschaft Hütten gemeint, die fünf Kilometer westlich von Leogang liegt und vor allem durch den Silberabbau im Schwarzleotal bekannt wurde. Die hohe Qualität des Edelmetalls, das in Schladming verhüttet wurde, wussten vor allem die Fürsterzbischöfe zu schätzen und ließen daraus ihre Taler prägen. Neuesten Funden zufolge kann davon ausgegangen werden, dass im Schwarzleotal bereits vor 3500 Jahren, in der Mittleren Bronzezeit, Kupfer abgebaut wurde. Neben Kupfer und Silber wurde auch Blei gewonnen. Am Ende des 16. Jahrhunderts, als die Augsburger Gewerkenfamilie Rosenberger das Berg- und Hüttenwesen in Leogang betrieb, wurden 7125 Pfund Blei, 2400 Pfund Kupfer und „einiges an Silber" zutage gefördert. Die Bedeutung des Bergbaus im Erzbistum mag daran ermessen werden, dass Fürsterzbischof Hieronymus Graf Colloredo die gigantische Summe von 100.000 Gulden Reichswährung (entspricht etwa einer halben Million Euro) für die Gründung der medizinischen Fakultät an der Universität Salzburg und einer Bergbauakademie zur Verfügung stellte. Der Bergbau kam jedoch um die Mitte des 19. Jahrhunderts zum Erliegen.

Wir beginnen unseren Ausflug in die Bergbaugeschichte Leogangs im ehemaligen Bergverwalterhaus aus dem Jahr 1593, in dem heute das Bergbau- und Gotikmuseum untergebracht ist. Neben zahlreichen Dokumenten, kunsthandwerklichen Gegenständen und einer umfassenden Münzsammlung steht spätmittelalterliche Sakralkunst im Zentrum der Sammlung. Darunter befinden sich ausgezeichnete Meisterwerke der Malerei- und Bildhauerkunst des 14. bis 16. Jahrhunderts. Zu den überragenden Exponaten zählt eine Salzburger Ährenkleidmadonna aus der Mitte des 15. Jahrhunderts sowie eine Löwenmadonna aus der Zeit um 1340/50. Von diesen sehr raren Muttergottes-Darstellungen gibt es weltweit nur sieben Stück, sie stehen im Louvre in Paris, im Berliner Bode-Museum und eben auch in Leogang.

Bevor wir uns auf den Weg ins Schwarzleotal machen, schauen wir kurz in der St. Anna-Kapelle vorbei, die zum benachbarten Gasthof Hüttwirt gehört. Das Altarbild in der Kapelle stammt aus dem Jahr 1770 und ist eine seltene Darstellung der Heiligen Anna, Maria, Sebastian, Johannes, Nepomuk, Daniel und Florian. Ergänzt wird das Bild mit Motiven aus dem Bergbau. Begleitet von den vielen Heiligen verlassen wir die Kapelle, gehen am Gasthof vorbei und nach Westen ein paar hundert Meter den Bach entlang, bis wir nach Süden abbiegen und dem Hinweisschild „Schaubergwerk" ins Schwarzleotal folgen. Der idyllische Weg ist als Montanlehrpfad angelegt und führt uns durch Fichten- und Lärchenwälder, vorbei an kaum mehr erkennbaren Spuren früheren Bergbaus. Angekommen bei der Knappenstube Unterberghaus auf 1250 Meter, sind wir auch schon beim Eingang des Barbarastollens, der uns ins Schaubergwerk führt und somit ein weiteres Mal ins Mittelalter.

Unterwegs in der Bikeworld Leogang

Radfahren als Herausforderung

■ **Tourcharakter:** Halbtagestour mit dem Mountainbike auf einem Singletrail 🚵

■ **Ausgangs- und Endpunkt:** Talstation der Asitz-Bahn

■ **Weglänge:** 3,5 km

■ **Gesamtdauer:** eine Strecke etwa 0,5 h

■ **Höhenunterschied:** 430 hm

■ **Besonderheit:** Weltcup- und WM-Gelände

Angetan mit Helm und Gesichtsschutz sowie Knie- und Ellbogenschonern erinnern uns die Biker ein wenig an den Film „Robocop", in dem der Polizist Alex Murphy nach seiner Ermordung im Körper eines Roboters zu neuem Leben erwacht und als Roboter-Cop zum Helden wird. Wir sitzen aber „nur" in einer Gondel der Asitz-Bahn und fahren bis zur Mittelstation. Vom Gondelfenster aus ist der gesamte Parcours zu sehen, dabei zeigt sich auch, wie steil er angelegt ist.

Für Anfänger und ungeübte Biker wird als Alternative zum Parcours der „Hang Man Singletrail" angeboten, sozusagen eine sanftere Variante zum Einstieg. Der 2001 bei der Asitzbahn in Leogang angelegte Bikepark zählt längst zu den renommiertesten Anlagen in Europa und wurde als eine von weltweit neun Anlagen als „Kona Groove approved Bikepark" ausgezeichnet. Dabei handelt es sich um ein Qualitätsgütesiegel, das vom Rad- und Sportartikelhersteller Kona verliehen wird. Wie beliebt und gut ausgestattet die Anlage ist, stellt die Austragung von Weltcup-Bewerben 2010 und 2011 nachhaltig unter Beweis. Im Sommer 2012 wird hier die UCI Mountain Bike & Trials WM stattfinden. An all das denken wir und schauen ehrfürchtig auf die Parcours hinab.

Wir steigen mit unserem Bike bei der Mittelstation aus der Gondel und haben heute nur einen kurzen Blick für die Leoganger Steinberge übrig. Direkt von der Mittelstation führt der „Hang Man-Singletrail" über eine Almwiese und von dort in den angrenzenden Wald. Singletrails sind meist nur 30 bis 60 Zentimeter breite Pfade, die nur Platz für einen Biker bieten. Nach dem Wald geht's durch Serpentinen bis zum Forstweg, auf dem wir dann bleiben, bis wir links in die Embachhalde einbiegen. Danach haben wir das größte Gefälle (13,2 Prozent) hinter uns. Über den anschließenden Waldweg und im Weiteren über den Radweg kommen wir entlang der Leoganger Ache schließlich wieder zur Talstation der Asitzbahn zurück. Und weil wir die Premiere ohne größere Blessuren überstanden haben, gibt es gleich ein Dacapo.

45

Hinauf zum Birnbachloch

Munter sprudelt die Quelle

- **Tourcharakter:** Halbtagestour
- **Ausgangs- und Endpunkt:** Platz vor der Kirche in Leogang
- **Weglänge:** 8 km
- **Gesamtdauer:** 4 h
- **Höhenunterschied:** 500 hm
- **Besonderheit:** Legendenumwobenes Naturdenkmal

Wir stehen im Zentrum Leogangs zwischen Kirche und Kirchenwirt und wissen nicht, wo wir zuerst hinschauen sollen. Hier eines der ältesten Gasthäuser des Landes, dort eine Kirche, die zur Gänze mit einer Eisenkette umspannt ist, was auf den heiligen Leonhard als Kirchenpatron hinweist und selbst im kirchenreichen Salzburg eine Besonderheit darstellt. Weil aber das wirkliche Ziel unserer Halbtageswanderung das Birnbachloch ist, machen wir uns auf den Weg in die Leoganger Steinberge. Das auf 1320 Meter gelegene Naturdenkmal ist eine Quellhöhle, in der der Birnbach entspringt. Namensgeber ist das Birnhorn – mit 2634 Meter der höchste Gipfel der Leoganger Steinberge und für den imposanten 1400 Meter hohen Steilabfall bekannt.

Mit den beiden Kulturdenkmälern im Rücken verlassen wir Leogang in Richtung Landesstraße 164, überqueren diese und biegen vor der Bäckerei in die Gemeindestraße ein, der wir folgen, bis wir unter der Trasse der Westbahn hindurchgehen und zum ausgewiesenen Parkplatz im Ullachtal kommen. An Grillplätzen vorbei halten wir uns an die Markierungen „Birnbachloch" und machen uns auf dem mühelosen Steig bergan auf den Weg. Nach einer guten halben Stunde erreichen wir die Reste einer Holzrutsche, über die wir auf einer Informationstafel Folgendes erfahren: Vom Birnhorn gehen jährlich ungezählte Lawinen ab, deren Schnee im Sommer nicht zur Gänze schmilzt, sondern sich im Lauf der Zeit zu einem kleinen Gletscher, dem Birnbachkees, geformt hat. Am Ende des 19. Jahrhunderts wurde hier Eis abgebaut und nach München transportiert, um in den dortigen Eiskellern die Getränke- und Nahrungsvorräte der Wirte zu kühlen. Dafür mussten die aus dem Gletscher gebohrten Blöcke über die Rutsche ins Tal befördert werden.

Das letzte Drittel des Steiges führt durch einen mit Latschenkiefern bewachsenen Hang. Dass es hier im Sommer um die Mittagszeit sehr heiß werden kann, sollte bei der Planung der Tour unbedingt berücksichtigt werden. Kurz unterhalb des etwas westlich gelegenen Birnbachkeeses führt uns der auf den letzten Metern anstrengende Weg direkt zum Birnbachloch. Wie es sich für eine Höhle gehört, ranken sich auch um das Birnbachloch Legenden und Geschichten. Eine erzählt von einer Stimme, die sich warnend aus der Tiefe erhebt, wann immer sich jemand zu weit in die Höhle vorwagt: „Gründst du mi, so schlünd i di!". Wie gesagt, das gehört alles ins Reich der Legenden, denn in die Höhle kann man selbst im Herbst bei niedrigem Wasserstand nur ein paar Meter vordringen, weil die Kammer durch einen Siphon verschlossen ist. Außerdem ist die Birnbachhöhle ohnehin ein Naturdenkmal, das nicht betreten werden darf.

Auf dem Rückweg biegen wir, bevor es flacher wird, in den Graben des Birnbachs hinunter und auf der anderen Seite hinauf, wobei wir der Beschilderung „Priesteregg" folgen. Nach einer Dreiviertelstunde kommen wir an „Huwis Alm", dem Wirtshaus des Gutshofes vorbei. Danach geht es wieder ins Ullachtal hinunter, wo wir vor der Unterführung der Bahntrasse auf die Gemeindestraße stoßen, auf der wir ins Ortszentrum zurückgehen.

Wann der Sommer zur Neige geht, ist im Pinzgau weniger eine Frage des Wetters als vielmehr des Festivalkalenders. Das touristische Leben wird zwar auch von den internationalen Ferientabellen bestimmt, aber davon ist jetzt ausnahmsweise einmal nicht die Rede. Wenn in der Stadt Salzburg und andernorts die Festspiele ihre Erfolge ins Töpfchen, zuweilen auch ins Kröpfchen stecken, packen in der letzten Augustwoche internationale Jazz-Größen wie Ornette Coleman und österreichische Musiker wie Christian Muthspiel oder der Trompeter Franz Hautzinger in Saalfelden ihre Instrumente und Stimmen aus. Dann wird im Kongresshaus, im Zelt auf dem Rathausplatz, im Kunsthaus Nexus sowie auf Almen und Bauernhöfen große internationale Musik gemacht. Und solange Musiker vom Schlag eines Franz Hautzinger auftreten, braucht einem nicht bange zu sein.

„Selbst wenn ich mich bemühe, kitschig zu spielen", so Hautzinger, „kommt etwas Schräges heraus. Das ist eine verlässliche Konstante, um die ich mich nicht gesondert kümmern muss."

Spätestens mit „Saturday Night Fever" war der klassische Discosound nach Europa und damit auch in den Pinzgau gekommen, und die paillettenbesetzten Kleider und glockenweiten Schlaghosen waren zum modischen Muss geworden. Am anderen Schauplatz, den Salzburger Festspielen, kam die Zauberflöten-Inszenierung von Jean-Pierre Ponnelle unter dem Dirigenten James Levine ins Große Festspielhaus. Josef Klaus, der frühere Bundeskanzler und ehemalige Salzburger Landeshauptmann, hielt die Festspiel-Eröffnungsrede zum Thema

„Salzburger Weltoffenheit". Über die Dorfplätze schepperten die Trompeten der heimischen Trachtenmusikkapellen. In diesem musikalischen Umfeld gingen vom 19. bis 21. Mai 1978 die ersten „Drei Tage Jazz" auf der sogenannten „Ranch", einem verruchten Lokal in Saalfelden, über die Bühne. Das Vienna Art Orchestra trat ebenso auf wie Mandala, Irène Schweizer und die Neighbours.

Über dreißig Jahre später schaut die Jazzwelt mehr denn je und mit großer Aufmerksamkeit auf Saalfelden. Nach Turbulenzen vor einigen Jahren, als die Organisation des Festivals auf neue Beine gestellt wurde, hat das Festival, 1975 vom Jazzclub Saalfelden gegründet, eine weitere Renaissance vor sich, was sicherlich auch mit den vorher schon genannten aktuellen Spielstätten zusammenhängt. Das Festzelt im Saalfeldener Stadtteil Ramseiden galt zwar mit 4000 Plätzen als größter Konzertsaal Österreichs, hat sich aber keinen Platz in den Herzen der Einheimischen sichern können. Gerhard Eder, der das Festival von 1979 bis 2004 organisierte, hat sich gegen viele Widerstände für neue und dem Zeitgeschmack angemessene Spielstätten eingesetzt, weil er erkannt hatte, dass die Ära der Improvisationen

ihr Ablaufdatum längst überschritten hatte. Längst vorbei sind auch die Zeiten, als Schwarze und Jazzer in bestimmten Lokalen unerwünscht waren. Neuerdings muss es vermehrt darum gehen, jüngeres Publikum ans Festival zu binden, denn das Durchschnittsalter der Musiker hat das des Publikums längst unterschritten. Weil der Pinzgau immer für Überraschungen gut ist, wird sich aber auch das sicher richten.

Große Öfen, wilde Klammen

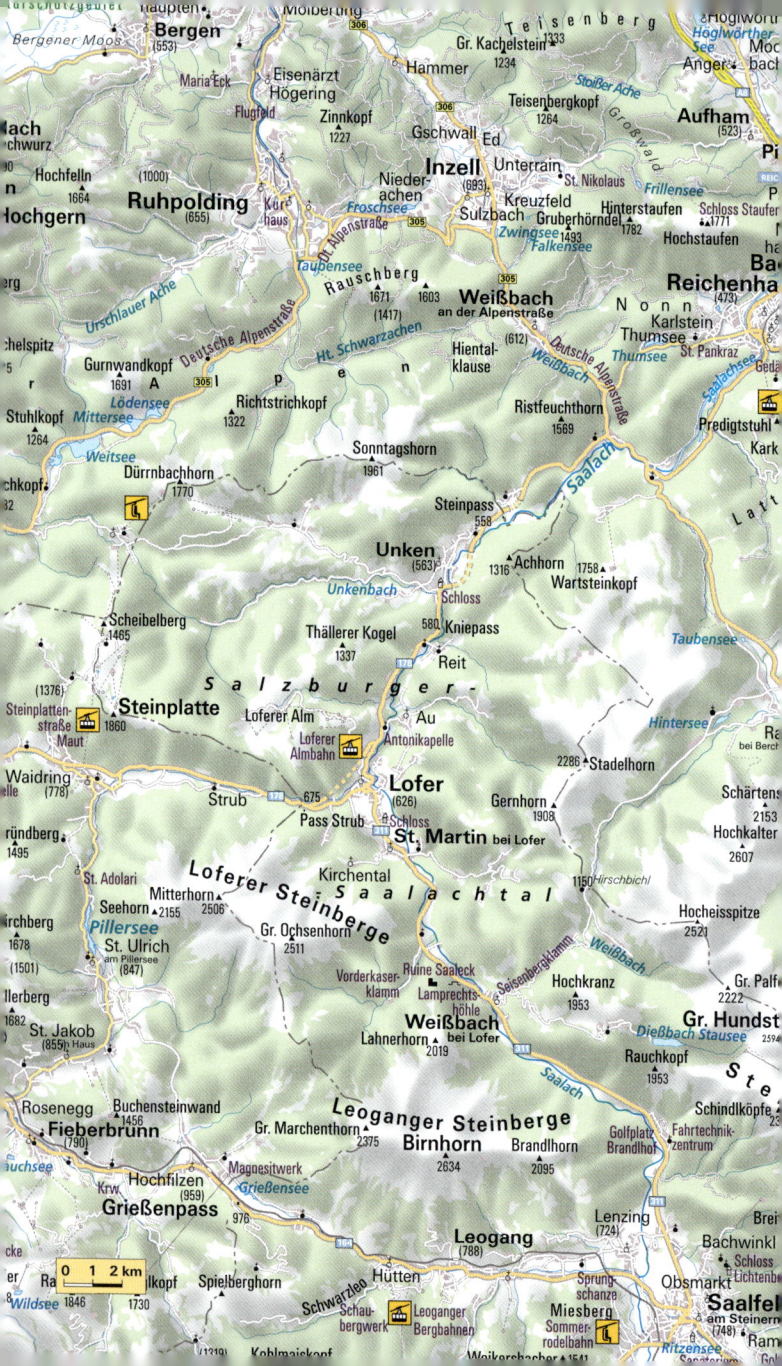

Wasserspiele an der Saalach

Das Saalachtal zwischen Weißbach und Unken ist kaum mehr als zwanzig Kilometer lang und umfasst die vier Orte Weißbach, St. Martin, Lofer und Unken. Zur Linken ragen von Süden nach Norden zuerst die Leoganger, dann die Loferer Steinberge und im Anschluss daran die Chiemgauer Alpen schroff und steil in die Höhe. Zur Rechten konkurriert das Steinerne Meer mit anderen Gebirgsstöcken der Berchtesgadener Alpen um den Meistertitel der bizarren Spitzen und Grate. Eingerahmt von Tirol im Westen und Bayern im Norden und Osten ist dieser Abschnitt des Salzburger Saalachtales von faszinierenden Naturschauspielen durchzogen, die sich aus einem besonderen Zusammenspiel von Wasser und Stein ergeben.

Fließt die Saalach bis nach Saalfelden über weite Abschnitte eher ruhig dahin, beginnt dort die Wasserbewegung heftiger zu werden, um sich ab St. Martin in eine echte Wildwasserstrecke zu verwandeln. Vor Lofer ist es mit der Ruhe endgültig vorbei, und bis nach Unken fasziniert die Saalach mit Strudeln und Stromschnellen Wildwassersportler, die sich waghalsig den Launen der Natur aussetzen. Auf beiden Seiten des Flusses haben sich im Laufe vieler Jahrtausende seit dem Abschmelzen der mächtigen eiszeitlichen Gletscher mehrere Klammen gebildet. Von Zell am See kommend, ist die erste davon die Seisenbergklamm, durch die der Weißbach rauscht, um danach in die Saalach zu münden. Die ersten Wege durch die Klamm wurden 1831 angelegt, weil die Holzfäller einen Triftweg zum Transport des geschlagenen Holzes brauchten. Die sich mitten im Ort befindende Klamm ist ein idealer Ausgangspunkt für Wanderungen im Naturpark Weißbach.

Auf der östlichen Seite des Tales am Sockel der Leoganger Steinberge befindet sich der Zugang zur Lamprechtshöhle. So unscheinbar dieser auch erscheinen mag, dahinter verbirgt sich eines der größten Höhlensysteme Europas mit einer Gesamtausdehnung von über fünfzig Kilometern. Der für Besucher geöffnete Abschnitt stellt nur einen relativ kleinen Teil dar. Erforscht ist die Höhle nach wie vor nicht zur Gänze, sodass über die tatsächlichen Ausmaße nur Vermutungen angestellt werden können. Höhlenforschern ist es 1998 gelungen, auf 2178 Meter einen weiteren Zugang zu entdecken. Für kurze Zeit konnte sich der Lamprechtsofen aufgrund des Höhenunterschieds von 1600 Metern mit dem Attribut der Höhle mit der größten Fallhöhe schmücken. Von Lamprechtsofen spricht man, weil „Ofen" früher die Bezeichnung für Höhle war.

Ein paar Kilometer weiter nördlich liegt mit der Vorderkaserklamm ein weiteres Naturdenkmal. Die 1977 zum Naturdenkmal erklärte Klamm ist 400 Meter lang und 80 Meter tief. An der Krone hat sie eine Breite von sechs Metern, während der Fuß der Klamm kaum einen Meter breit ist. Nach etwa zweieinhalb Kilometern entlang des Naturbadegebietes Vorderkaser zweigt die Klamm rechts ab. Die Fortsetzung des Weges durch den Schidergraben führt zum Römersattel an der salzburgisch-tirolerischen Grenze. Dieser gilt als Trennlinie zwischen den Leoganger und Loferer Steinbergen. Weitere Klammen sind die Strohwollner Schlucht bei St. Martin und die Mayrbergklamm auf der Strecke zwischen Lofer und Unken.

Das frühere sogenannte „Loverer Land" war bis zum Beginn des 13. Jahrhunderts bayerisch, gehörte ab 1228 zum Fürsterzbistum Salzburg und erstreckte sich auf einer Fläche von 180 Quadratkilometern zwischen Weißbach und Reith bei Unken. Kulturelles und kirchliches Zentrum war St. Martin mit einer ersten Erwähnung um 1180. Erst 1946 entstanden die drei Gemeinden Weißbach, St. Martin und Lofer, wie wir sie heute kennen. Während Lofer an der Kreuzung zweier Handelswege wirtschaftliche Bedeutung erlangte, war und blieb

St. Martin der kulturelle Mittelpunkt, was 1694 mit dem Baubeginn der Wallfahrtskirche Maria Kirchental, dem „Pinzgauer Dom", nachhaltig unterstrichen wurde. Auf dem Grubhof, dem Vorgängerbau des heutigen Schlosses Grubhof, wurde am 14. Februar 1887 der Maler Anton Faistauer geboren, in dessen umfangreichem Werk die in den 1920er-Jahren entstandenen Fresken im Haus für Mozart einen besonderen Stellenwert einnehmen. Seit der Eröffnung im Jahre 2006 strahlen sie im sogenannten Faistauer-Foyer wieder im ursprünglichen Glanz. Sie gelten als eines der bedeutendsten Kunstwerke des österreichischen Expressionismus.

Von Saalfelden kommend liegt am Eingang der spannenden Welt aus Wasser und Stein der kleine Ort Weißbach bei Lofer, der auch als „Bergsteigerdorf" firmiert und seit 2007 einen Naturpark hat. Der Naturpark Weißbach liegt eingebettet zwischen dem Steinernen Meer und den Reiter Steinbergen, die beide den nördlichen Kalkhochalpen zuzuordnen sind. Im Mittelpunkt des Naturparks liegen die drei Gemeinschaftsalmen Kallbrunnalm, Litzlalm und Kammerlingalm, die von Pinzgauer und bayerischen Bauern gemeinsam bewirtschaftet werden – grenzt der Naturpark an der Ostseite doch an den Nationalpark Berchtesgaden, Deutschlands einzigen Hochgebirgs-Nationalpark. Ein interessanter historischer Aspekt ist in diesem Zusammenhang mit der Salinenkonvention aus dem Jahr 1829 anzuführen. In diesem ältesten noch heute in abgeänderter Form gültigen Staatsvertrag Europas haben sich die Königlich Bayerische Regierung und die Kaiserlich Königliche Österreichische Regierung nach jahrhundertelangen Streitigkeiten über das Forsteigentum Bayerns im Pinzgau geeinigt. Die Saalforste mit Sitz in St. Martin bei Lofer verwalten 13.000 Hektar bayerischen Waldbesitz und betreuen die oben genannten Gemeinschaftsalmen. Nach Inkrafttreten des Österreichischen Staatsvertrages 1955 kam es auf Drängen der Bayern zu Neuverhandlungen und einer Novellierung des Vertragswerkes, die am 8. Juli 1958 als sogenanntes Münchner Abkommen unterzeichnet wurde.

46

Auf die Almen im Naturpark Weißbach

Auch der Käse ist bayerisch-österreichisch

- **Tourcharakter:** Tagestour
- **Ausgangs- und Endpunkt:** Weißbach, Parkplatz neben der Naturpark-Informationsstelle
- **Weglänge:** 12 km
- **Gesamtdauer:** 6 h mit Aufenthalten
- **Höhenunterschied:** 600 hm
- **Besonderheit:** Idyllische Almen und spannende Panoramen

Ist man auf der B 311 zwischen Saalfelden und Lofer unterwegs, fällt einem kurz vor und nach Weißbach ein Schmetterling am Straßenrand auf. Nein, es ist keiner der mittlerweile sehr rar gewordenen und deshalb streng geschützten Apollofalter, der sich in die Nähe der Straße verirrt hätte, aber es könnte sich um eine stilisierte Nachbildung des Parnassius apollo, so sein zoologischer Name, handeln. Kurzum, die hölzernen Schmetterlinge sollen auf den Naturpark Weißbach verweisen, der 2007 eröffnet wurde und eine Fläche von 2800 Hektar umfasst, die zwischen 665 und 1800 Meter liegt. Mittelpunkt des Naturparks, der von Anfang an eng mit dem Nationalpark Berchtesgaden auf der „drüberen" Seite zusammenarbeitete, bilden die drei Gemeinschaftsalmen Kallbrunnalm, Litzlalm und Kammerlingalm. Auf diesen werden während der Almsaison insgesamt 300 Almtiere (darunter auch 150 Milchkühe) von

Pinzgauer und bayerischen Bauern versorgt. Im Laufe eines Sommers werden sage und schreibe 75.000 Liter Milch verkäst. Der „kleine Grenzverkehr" zwischen Bayern und Salzburg ist hier seit dem 13. Jahrhundert große Selbstverständlichkeit.

Wir starten unsere ganztägige Wanderung über die Kallbrunn- und Kammerlingalm vom Parkplatz in Weißbach bei Lofer. Zuvor haben wir uns in der Naturpark-Informationsstelle, die im Gemeindehaus direkt neben der B 311 untergebracht ist, mit Informationen und Karten versorgt. Hinter der Informationsstelle halten wir uns rechts, gehen aber nicht weiter zur Brechlalm, sondern biegen bei der ersten Gabelung nach links ab, um zum Parkplatz Pürzlbach zu kommen. Von dort orientieren wir uns an der Wegnummer 411, die einen passablen Forstweg bis zur Kallbrunnalm markiert.

Die Erhaltung der traditionellen Kulturlandschaft ist neben dem Schutz der Landschaft eines der erklärten Ziele des Naturparks, ergänzt durch die Aspekte Bildung und Regionalentwicklung. So wird sehr viel Wert darauf gelegt, dass die Bauern ihre Almhütten auch weiterhin traditionell mit Schindeln decken und generell auf Materialien verzichten, die das einheitliche Bild stören könnten. Das Ergebnis erfreut den Besucher, der eine intakte Almlandschaft vorfindet, die als Schauplatz der deutschen Fernsehserie „Alpenklinik" sogar zu TV-Ehren gekommen ist.

Nach der Kallbrunnalm halten wir uns an der Wegkreuzung links und gehen in nördlicher Richtung über die Weißbachalm zur Kammerlingalm. Dabei kommen wir an der Kaltwasserstube, einer ehemaligen Holzknechthütte nahe dem Ursprung des Weißbachs, vorbei, ehe wir nach 600 Metern rechts in den Weg Nr. 29 einbiegen, der uns über die Kammerlingalm führt und auf dem wir bis Point bleiben. Bis zur Haltestelle des Alm-Erlebnisbusses beim Bergheim Hirschbichl, der uns zum Ausgangspunkt nach Weißbach zurückbringt, sind es dann nur mehr einige hundert Meter.

47

Landschaftserlebnisweg Seisenbergklamm

Wo das Wasser Muskeln zeigt

- **Tourcharakter:** Halbtagestour für die ganze Familie
- **Ausgangs- und Endpunkt:** Weißbach, Parkplatz vor dem Klammeingang
- **Weglänge:** 3,5 km (Rückfahrt mit dem Alm-Erlebnisbus)
- **Gesamtdauer:** 2,5 h
- **Höhenunterschied:** 250 hm
- **Besonderheit:** Tosende Klamm

Auch die Seisenbergklamm, deren Eingang mitten im Bergsteigerdorf Weißbach liegt, zählt zum Naturpark und kann als imposanter Einstieg zu Wanderungen durch den Naturpark erlebt werden. Es ist wirklich gigantisch, wie sich das Wasser des Weißbaches im Laufe der Jahrtausende ins Gestein gegraben hat und uns heute mit tosenden Wasserfällen und dramatischen Strudeln in den Bann zieht. 1831 wurden Stege und Brücken in der 600 Meter langen Klamm angelegt, zuerst nicht so sehr für Besucher, sondern mehr für die Holzknechte, damit sie besser ihrer Arbeit des Triftens nachgehen konnten. Mit langen Eisenstangen mussten sie verkeilte Bloche – dabei handelt es sich um meist 1 oder 2 Meter lange Rundholzstücke – wieder in Bewegung setzen.

Kinder werden mehr am Klammgeist interessiert sein, der sich ihnen auf Schautafeln vorstellt, gruselige Geschichten über Ereignisse in der Dunkelklamm erzählt und sie zum Mitspielen einlädt.

Nach der Seisenbergklamm gehen wir den Landschaftserlebnisweg entlang bis Hinterthal, der uns an elf Stationen erhellende Einblicke in die Natur- und Kulturgeschichte der Gegend und des Ortes gibt und uns zu besonderen Naturbeobachtungen animiert. Wir erfahren viel über die Lebensräume Wald und Moor und wie wichtig Hecken für unsere Kulturlandschaft sind. In eine völlig andere Zeit führt uns die Darstellung über die Arbeit der Holzfäller und des Holztransports auf der Saalach. Für den Rückweg nach Weißbach nehmen wir den Alm-Erlebnisbus.

48

Mit dem Rad um den Gerhardstein

Schauen, staunen, strampeln

- **Tourcharakter:** Tagestour – Radwanderung
- **Ausgangs- und Endpunkt:** Gasthof Luftenstein
- **Weglänge:** 36 km
- **Gesamtdauer:** 5 h mit Besichtigungen
- **Höhenunterschied:** 670 hm
- **Besonderheit:** Formenvielfalt des Kalksteins

Der Gerhardstein imponiert nicht so sehr durch seine Höhe, sondern vielmehr durch seine erratische Form, die ihn wie einen strengen Solitär aufragen lässt. Selbst wenn solche Klötze meist etwas störrisch wirken, haben sie doch einen besonderen Vorteil: Sie lassen sich gut umrunden, zu Fuß oder mit dem Fahrrad. Wir haben uns mit dem Fahrrad auf den Weg gemacht, und zwar von St. Martin aus, genauer gesagt, vis à vis vom Gasthof Luftenstein. Ehe wir so richtig in die Pedale steigen, machen wir noch einen Abstecher zur Strohwollner Schlucht. Dazu biegen wir nach 700 Metern hinter einer Rechtskurve scharf nach links ab und nach weiteren knapp 800 Metern stehen wir am Eingang zur Klamm. Das Rauschen des Wasserfalls begleitet uns nicht nur während des etwa halbstündigen Rundwegs, sondern auch noch später, als es etwas schweißtreibend über Wildental hinauf zur Möserwald-Forststraße geht. Beim Einbiegen auf den Gerhardstein-Rundweg (Nr. 33) sind wir schließlich auf knapp 1100 Meter. Dem Uhrzeigersinn entgegen fahren wir in südwestlicher Richtung bis zum Wandbauer und dann weiter bis zum Gasthof Lohfeyer, wo auch der Seisenbergklamm-Erlebnisweg vorbeiführt. Danach geht es ein Stück den Weißbach entlang, leicht ansteigend hinauf zum Hirschbichl-Pass und weiter zum Hufnagel mit 1257 Meter. Bevor es zur Abzweigung zur Möserwald-Forststraße zurückgeht, schauen wir noch bei der Eibl-Kapelle vorbei.

Das „Schwarzloch am Gerhardstein" wurde schon 1878 von Posselt-Czorich (1854–1911) begangen, einem bekannten Alpinisten und Höhlenforscher, der auch an der Erschließung der Eisriesenwelt bei Werfen maßgeblich beteiligt war. Um diese Zeit war vom „Wenkerloch am Fuße der Gerhardsteinwände" die Rede. Heute sind 800 Meter Ganglänge und ein Gesamthöhenunterschied von 60 Metern bekannt. Obwohl die Einheimischen schon lange über das große Portal des Eingangs zum Schwarzloch Bescheid wussten, ist die Höhle doch nicht populär geworden. Das mag vielleicht daran liegen, dass sich bei entsprechenden Wetterbedingungen große Wassermengen aus ihr ergießen.

49

Maria Kirchental

Wanderung zum „Pinzgauer Dom"

- **Tourcharakter:** Halbtagestour
- **Ausgangs- und Endpunkt:** Kirche in St. Martin
- **Weglänge:** 4,5 km
- **Gesamtdauer:** 4 h mit Besichtigung
- **Höhenunterschied:** 250 hm
- **Besonderheit:** Wallfahrtskirche mit Bergpanorama

Als „Bergkristall unter den Wallfahrtsorten" bezeichnete der heutige Alt-Erzbischof Georg Eder die neben Maria Plain beliebteste Wallfahrtskirche, als 2001 die Restaurierungsarbeiten zum 300-Jahr-Jubiläum abgeschlossen waren und sie wieder im barocken Glanz erstrahlte. Und er hat damit ins Schwarze getroffen. Eingerahmt von der mächtigen Kulisse der Loferer Steinberge steht sie am Ende eines Hochtales auf 900 Meter und kann dadurch ihre sinnlich-barocke Architektur besonders gut wirken lassen. Das gesamte Ensemble, bestehend aus Kirche, Besinnungs- und Mesnerhaus sowie Gasthof, sucht seinesgleichen. Das Herzstück der Wallfahrtskiche stellt eine spätgotische, geschnitzte Stiglitzmadonna dar, die ursprünglich in der Kirche von St. Martin stand. Weil dort angeblich der Platz knapp wurde, haben sie Holzknechte am Ende des 17. Jahrhunderts in ihre Waldkapelle gebracht, wo sie der Legende nach ein Jahr später zu weinen begonnen haben soll. Die vielen Heilungsbezeugungen blieben auch dem fürsterzbischöflichen Hof nicht verborgen, sodass sich Fürsterzbischof Johann Ernst Graf von Thun bemüßigt fühlte, an einer Wallfahrt zur Stiglitzmadonna teilzunehmen. In der Folge beauftragte er keinen Geringeren als Johann Fischer von Erlach mit der Planung der Kirche und Baumeister Stefan Millinger aus St. Martin mit dem Bau, der 1694 begonnen und 1701 fertiggestellt wurde.

Wir beginnen unsere Halbtagestour bei der Kirche in St. Martin und gehen auf der Dorfstraße in südlicher Richtung zum Gasthaus Luftenstein, wo wir kurz zuvor bei einem Holzbrunnen rechts in den Forstweg zur Lueginger Höhe einbiegen. Auf diesem Forstweg stoßen wir nach knapp einem Kilometer direkt auf die Mautstraße zur Wallfahrtskirche. An schönen Tagen, wenn die Sonne das gebrochene Weiß der einzelnen Gebäude richtig zum Strahlen bringt und der Kontrast zum Kalkstein nicht größer sein könnte, beginnt so etwas wie die Magie des Ortes zu wirken. Wer dafür einen Draht hat und sich nach Ruhe und Entspannung sehnt, kann sich im Besinnungshaus, das von den Lieferinger Herz-Jesu-Missionaren gemeinsam mit den Missionarinnen Christi betrieben wird, einige Wochen lang einquartieren. Das Herz der Wallfahrer schlägt am höchsten, wenn sie in der von lichtdurchfluteten Kirche vor dem Gnadenbild stehen und ihm Dank abstatten oder eine sehnsüchtige Bitte deponieren, wie es Hunderttausende vor ihnen auch getan haben. Auf etwa 2000 Votivtafeln, wovon die ältesten auf das 17. Jahrhundert zurückgehen und die kunsthistorisch insgesamt von besonderer Bedeutung sind, lassen sich Zeugnisse großer Frömmigkeit und eines tief empfundenen Volksglaubens nachlesen. Zum Rundgang durch die Kirche gehört selbstverständlich auch ein Besuch des Museums, in dem sakrale Schätze und Wallfahrer-Accessoires wie Rosenkränze in den unterschiedlichsten Ausformungen präsentiert werden.

Für den Rückweg nehmen wir den sogenannten Tirolersteig, der etwa vierhundert Meter nach der Kirche links abzweigt und sich durch den Wald ins Tal hinabschlängelt. An der einen oder anderen Stelle öffnet sich ein schöner Blick auf St. Martin. Kurz vor dem Gasthof Hochmoos biegen wir scharf rechts in die Moserpromenade ein und kehren in südlicher Richtung nach St. Martin und damit zum Ausgangspunkt zurück. Maria Kirchental ist auch Ausgangs- bzw. Endpunkt des Pinzgauer Marienwegs, der von Maria Kirchental über Maria Alm, Dienten, Embach, Bruck an der Glocknerstraße bis nach Stuhlfelden und Mittersill und von dort weiter nach Jochberg und St. Johann in Tirol führt.

50

Vorderkaserklamm und Lamprechtshöhle

Faszination aus Wasser und Stein

- ■ **Tourcharakter:** Tagestour
- ■ **Ausgangs- und Endpunkt:** Parkplatz Lamprechtshöhle
- ■ **Weglänge:** 8 km
- ■ **Gesamtdauer:** 6 h mit Besichtigungen
- ■ **Höhenunterschied:** 150 hm
- ■ **Besonderheit:** Klamm und Höhle in enger Nachbarschaft

Das Lamprechtsofenloch, wie der unspektakuläre Eingang zu Europas größtem bisher bekannten Höhlensystem früher genannt wurde, wäre ohne Hinweisschilder leicht zu übersehen. Dass er so unauffällig ist, liegt in der Natur der Dinge, denn das wirklich Interessante, Spannende und zuweilen auch Unheimliche verbirgt sich im Inneren der Leoganger Steinberge, einem typischen Karstgebirge. Nachdem polnische Höhlenforscher 1998 einen zweiten Zugang in einer Höhe von 2178 Metern entdeckt hatten, galt die Lamprechtshöhle für einige Zeit mit 1500 Meter Fallhöhe weltweit als die größte ihrer Art (sie wurde erst von der Voronya- oder Krubera-Höhle im westlichen Kaukasus abgelöst). Auch die Gesamtlänge von 51 Kilometern ist rekordverdächtig.

Abenteurer und Schatzsucher haben, schon lange bevor die Höhle ab Anfang des 20. Jahrhunderts systematisch vermessen wurde, ihr Glück versucht. Der für die Besucher geöffnete Teil führt über bequem zu begehende Steiganlagen 700 Meter in das Berginnere, und bis die geräumige Plattform erreicht ist, von der aus man einen guten Blick auf den Großteil der ausgeleuchteten Höhle hat, müssen 70 Höhenmeter überwunden werden. Expeditionen sind genehmigungspflichtig und haben die Erfüllung einer Reihe von Auflagen zur Voraussetzung.

Voraussetzungslos dagegen ist ein Besuch der Vorderkaserklamm. Nach Verlassen der Lamprechtshöhle halten wir uns links und gehen auf dem Wanderweg in nördlicher Richtung etwa eineinhalb Kilometer, bis wir links in den Schidergraben einbiegen. Von da an geht es zweieinhalb Kilometer am Naturbadegebiet Vorderkaser, einem beliebten Naherholungsgebiet, entlang. Dann biegen wir nach rechts in die Vorderkaserklamm ab. Die zwischen St. Martin und Weißbach gelegene Klamm wurde 1882 im Zuge des verstärkten Reiseaufkommens in die Berge für Besucher öffentlich zugänglich gemacht und zählt seit 1977 zu den Naturdenkmälern im Land Salzburg. Maßgeblich verantwortlich für das Naturschauspiel der 400 Meter langen Klamm war die Gletscherschmelze am Ende der Eiszeit. So fräst sich der Ödenbach seit mehr als 10.000 Jahren immer ein paar Millimeter tiefer in den Fels ein. Heute ist die Klamm 80 Meter tief. An den Felswänden vorbei geht der Weg über gezählte 51 Stege und 35 Stiegen mit insgesamt 373 Stufen. Wer etwas für Blumen übrig hat und Orchideen schätzt, wird am Orchideenweg, der beim Eingang zur Vorderkaserklamm startet, nicht vorbeikommen. Und zu Recht, denn entlang des Erlebnisweges sind neben dem Frauenschuh eine Vielzahl weiterer Orchideenarten zu bestaunen.

Der Weg zurück führt uns wieder durch das Naturbadegebiet hinaus in Richtung zur Bundesstraße, vor der wir rechts auf den Weg abbiegen und in südlicher Richtung bis zum Parkplatz vor dem Eingang zur Lamprechtshöhle gehen.

51

Von Scheffsnoth über die Mayrbergklamm nach Au

Im „Hinterland" der Saalach

- ■ **Tourcharakter:** Tagestour
- ■ **Ausgangs- und Endpunkt:** Parkplatz an der B 311, Tourismusbüro
- ■ **Weglänge:** 16,5 km
- ■ **Gesamtdauer:** 5 h
- ■ **Höhenunterschied:** 350 hm
- ■ **Besonderheit:** Von Steinbergen umgeben

Wer diesen Weg zum ersten Mal geht, wird schon nach kurzer Zeit von der Vielfalt der Landschaftsformen und Ausblicke fasziniert sein. Der silberig glänzende Stein der Kalkriesen tut sein Übriges. Aber auch Kenner der Umgebung von Lofer werden die eintägige Tour von Scheffsnoth über Mayrberg, vorbei an der Klamm, nach Au und über den Triftsteig zurück mit ihren Ausblicken auf die Loferer Steinberge und auf die Reiteralpe genießen.

Wir starten unsere Tour auf dem Parkplatz an der B 311 neben der Tourismusinformation, überqueren die Saalach auf dem Hubertussteg und gehen entlang der schmalen Straße durch Scheffsnoth und durch die kleine Siedlung Haussaller, immer in Richtung „Knappenstadl". Wir biegen aber bei der Hubertuskapelle nicht nach rechts ab, sondern bleiben auf der kleinen Straße. Nach ein paar hundert Metern kommen wir am Aussichtspunkt Jägersitz vorbei. Hier sollte eine kurze Rast eingelegt werden, um den freien Blick auf Lofer, die Steinberge und im Weiteren auf die Loferer Alm zu genießen, die sich auf den südlichen Ausläufern der Chiemgauer Alpen befindet, im Sommer Mountainbiker anzieht und im Winter als Familienskigebiet punktet. Das ursprüngliche Lofer gruppiert sich mit den behäbigen Gasthäusern um die Weggabelung, südlich in Richtung Saalfelden und Zell am See, westlich geht es über den Pass Strub nach Tirol und östlich nach Unken, zum Steinpass und weiter nach Bayern. Im Zuge der Napoleonischen Kriege, der daraus resultierenden Auflösung des Fürsterzbistums und dem nachfolgenden Ringen um die Herrschaft über das Land Salzburg standen sich zwischen 1805 und 1809 an mehreren Stellen Salzburger Freiheitskämpfer auf der einen sowie Franzosen und Bayern auf der anderen Seite gegenüber. Mittlerweile ist das aber alles längst Geschichte und in Zeiten des freien Personen-, Waren- und Dienstleistungsverkehrs innerhalb der Europäischen Union hat auch das sogenannte kleine deutsche Eck und die Grenze zu Bayern nur mehr symbolischen Charakter.

Nach der kurzen Rast setzen wir unsere Wanderung fort, wandern über die „Auer Wiesen" und halten uns bei der nächsten Weggabelung rechts. Wir lassen die Stichstraße, die zum einsam gelegenen Hagengut führt, links liegen und gehen, ab jetzt auf dem Forstweg, in südlicher Richtung leicht ansteigend zum Roggmaisgraben und weiter zur Schoberweißbachklause, wo wir den Schoberweißbach überqueren. Danach machen wir eine 180-Grad-Wende und gehen auf der sogenannten „Route der Klammen" in nördlicher Richtung zum

Gasthof Obermayrberg hinunter. Kurz nach dem Gasthaus biegen wir von der Straße ab und in den Weg Nr. 64 ein, der uns über Point nach Obermayrberg führt. Point ist der Name einer idyllisch gelegenen Alm. Hier lohnt sich ein kleiner Abstecher zu einem Almkreuz und weiter zu einer als „Kraftplatz" bezeichneten Stelle, auf die ein Kunstwerk der Loferer Bildhauerin Martina Rohrmoser verweist.

Bevor wir nach Obermayrberg kommen, überqueren wir die Straße und gehen auf dem Weg Nr. 64 hinunter zur Mayrbergklamm und damit ein Stück des Arnoweges. Beim Überqueren der Klamm bietet sich ein dramatischer Blick in die Tiefe. In Au angekommen, ist die 1755 von Salzburger Mönchen errichtete Antoniuskapelle nicht zu übersehen, die mit den vorbildlich restaurierten Bauernhäusern ein schmuckes Ensemble abgibt. Auf dem Weg zur Saalach queren wir den Jakobsweg, überqueren den Fluss und gehen auf dem Triftsteig zurück in den Ort und zum Parkplatz. Unter uns rauscht die Saalach, deren Wasser vom hinteren Glemmtal bis hierher bereits eine Strecke von etwa 60 Kilometern zurückgelegt hat. Heute ist außer den Fans des Wildwassersports niemand mehr auf dem Wasser unterwegs. Früher, als das Holz auf der Saalach zur Saline in Bad Reichenhall transportiert wurde, zeigte sich ein anderes Bild. Die Holzknechte hatten dafür zu sorgen, dass sich die Bloche nicht verkeilten, sondern dem Lauf des Wassers folgten. Vom Triftsteig aus mussten die Männer mit langen Eisenstangen samt Widerhaken das Holz in Bewegung bringen – eine ebenso schwere wie gefährliche Arbeit.

52

Mit dem Mountainbike auf die Loferer Alm

Zwischen Mozart und Thetys

- ■ **Tourcharakter:** Halbtagestour – Radwanderung 🚲
- ■ **Ausgangs- und Endpunkt:** Parkplatz an der B 311, Tourismusbüro
- ■ **Weglänge:** 35 km
- ■ **Gesamtdauer:** 4 h
- ■ **Höhenunterschied:** 1200 hm
- ■ **Besonderheit:** Kondition ist gefragt

Es war am 13. Dezember 1769 abends nach sieben Uhr, als Wolfgang A. Mozart mit Vater Leopold auf der ersten Italienreise in Lofer Halt machte und im Haus des Pflegers Johann Chrysostomus Helmreich zu Brunfeld, im heutigen Gasthof Post, nächtigte. Am 28. März 1771 kehrten Vater und Sohn wieder nach Salzburg zurück. Gestern wie heute führt die Strecke von Lofer nach Waidring über den Pass Strub, der auch schon zu Mozarts Zeiten befestigt war. 1282 als Grenzwall zu Tirol errichtet, wurde er unter der Herrschaft von Fürsterzbischof Paris Graf Lodron 1621, zu Beginn des Dreißigjährigen Krieges, ausgebaut.

Wir starten am Parkplatz neben dem Tourismusbüro, fahren in nordwestlicher Richtung ins Ortszentrum und biegen dort in den Mozart-Radweg ein. Auf diesem sind wir entlang des Loferbachs (Strubbach) bis Waidring unterwegs. Von dort lassen wir uns samt Rädern von der Gondel auf die Steinplatte bringen. Direkt von der Bergstation begeben wir uns auf den anstrengendsten Teil der Tour. Wir umrunden die Steinplatte, eines der seltenen Trockenriffe in Europa und bewundern die im Kalk eingeschlossenen Korallen aus der Zeit des Urmeers Thetys. Anschließend fahren wir nördlich der Landesgrenze bis zur Möseralm. Danach halten wir uns rechts, radeln in Richtung Bärecklift und folgen der Beschilderung „Pinzgau Mountainbike Route Loferer Alm". So kommen wir an der Schwarzbergalm und der Fußtalstube vorbei und erreichen nach weiteren 3,5 Kilometern die Loferer Alm. Bis zum Loderbichl sind es noch einmal gut 7 Kilometer. Danach kommt bis in den Ortsteil Faistau ein steiles Stück, von dem wir uns bei den letzten Kilometern auf einer Asphaltstraße bis ins Zentrum von Lofer erholen können. Schließlich stehen wir wieder vor dem Gasthaus Post und rechnen aus, dass die Kutsche zu Mozarts Zeiten für die von uns heute geradelten 35 Kilometer fast gleich lang gebraucht hat.

53

Kräuterwanderung zum Lutzbauern

Über den Kalvarienberg auf den Sonnberg

- ■ **Tourcharakter:** Halbtagesausflug
- ■ **Ausgangs- und Endpunkt:** Kirchplatz in Unken
- ■ **Weglänge:** 5 km
- ■ **Gesamtdauer:** 3 h
- ■ **Höhenunterschied:** 240 hm
- ■ **Besonderheit:** Sonnenterrasse für Mensch und Pflanzen

Wermuth, Gundelrebe, auch Gundermann genannt, sowie Giersch und Mädesüß sind Kräuter und Heilpflanzen, die neben vielen anderen auf dem Hof des Lutzbauern von Barbara und Hans Haider kultiviert werden und das Kräuterbier einer Salzburger Brauerei würzen. Beim Nachlesen kann über die vielfältigen Wirkungsweisen dieser Pflanzen nur gestaunt werden. Sie regen den Appetit an, helfen bei Gicht und Rheuma und gegen Nierenbeschwerden. In dem seit 2007 bestehenden Kräutergarten werden zahlreiche Heilpflanzen und Kräuter gehegt und gepflegt, darunter auch jene, aus denen in der Hexenküche, wie wir sie aus Märchen kennen, der eine oder andere Trunk gebraut wird, der ins Reich der Träume führt. Bei geführten Wanderungen beschreibt Hans Haider einzelne Pflanzen und erklärt ihre Wirkung, wie die des sehr giftigen Eisenhuts, der sich in vielen Hausgärten findet. Schon der Verzehr eines einzigen Blütenblattes kann tödlich sein. Was es mit einzelnen Kräutern und Heilpflanzen auf sich hat, ist ja nur zum Teil schriftlich niedergelegt. Vieles wurde über Generationen mündlich weitergegeben. Wofür Frauen (und Männer) in früheren Jahrhunderten geächtet, wenn nicht gar getötet wurden, steht heute als „Heilwissen der Pinzgauerinnen" unter dem Schutz von UNESCO und Weltgesundheitsorganisation.

Wir beginnen den Ausflug vor der Kirche in Unken, gehen in nordöstlicher Richtung auf die Ortschaft Buchenwald zu und folgen dem Hinweisschild „Kalvarienberg". Nach etwa einem Kilometer biegen wir links ein und finden uns auf dem Kalvarienberg. Bei der oberen Kapelle angekommen, wandern wir in westlicher Richtung weiter bis zu einer Kreuzung. Rechts führt der Weg zum Wetterkreuz. Wir halten uns aber links und spazieren in südwestlicher Richtung auf den Sonnberg zu, bis wir nach etwa 15 Gehminuten beim Kräuterweg des Lutzbauern angekommen sind. Dieser Kräuterweg ist als Rundweg angelegt und kann von jedermann begangen werden. Da der Hof über viele Jahrzehnte nicht bewirtschaftet war, hat sich auf den Wiesen rundherum eine Flora entwickelt, die ihresgleichen sucht. Besonders fallen die unterschiedlichen Orchideenarten auf. Der Weg endet vor der Hofschank im jahrhundertealten Gewölbe. Die Einkehr bringt nicht nur den Vorteil kulinarischer Genüsse, sondern auch Wissenswertes über die Verwendung von Kräutern. Barbara Haider, gelernte Krankenschwester, hat ihr Wissen und ihre Liebe zu den Kräutern auch in einem Märchenbuch für Kinder und Erwachsene mit dem Titel „Ach, du grüne Neune" festgehalten.

In der Hofschank beim Lutzbauern werden regionale Produkte aus der eigenen Landwirtschaft serviert. Geöffnet ab Ende Mai, Samstag ab 18 und Sonntag ab 12 Uhr. Heilkräuter-Schaugarten: Führungen ab Juni, jeden Sonntag um 11 Uhr.

Lutzbauer, Barbara Haider, Gföll 21, 5091 Unken, Tel. 06589/74 59, lutzgut@aon.at, www.lutzbauer.at

54

Kulturspaziergang durch Unken

Auf alten Wegen eines Kurortes

- ■ **Tourcharakter:** Halbtagestour
- ■ **Ausgangs- und Endpunkt:** Kirchplatz in Unken
- ■ **Weglänge:** 5 km
- ■ **Gesamtdauer:** 3,5 h
- ■ **Besonderheit:** Über 600 Jahre Kulturgeschichte

Heute fährt man durch den Achbergtunnel, vor hundert Jahren ging die Straße direkt an Schloss Oberrain vorbei. Der ehemalige Jagdsitz der Fürsterzbischöfe war im 19. Jahrhundert – damals galt Unken als beliebter Kurort – eine gut besuchte Bade- und Trink-Kuranstalt. Die jetzige Form erhielt das Anwesen durch den deutschen Kunstdünger-Fabrikanten Hermann Schmidtmann, der es wie eine Reihe anderer in der Umgebung im Jahr 1890 erwarb. Heute ist im Schloss ein Ausbildungszentrum untergebracht, das Jugendliche mit Behinderung auf ein möglichst selbstständiges Berufs- und Privatleben vorbereitet.

Unsere Wanderung, in deren Verlauf wir auch am Schloss Oberrain vorbeikommen, beginnt bei der Kirche in Unken, die für ihre reiche Rokoko-Ausstattung bekannt ist. Wir verlassen den Kirchplatz in südlicher Richtung und biegen danach rechts in die Heutal-Landesstraße ein. Auf ihr spazieren wir etwa einen Kilometer in südwestlicher Richtung, bis wir auf der linken

Straßenseite zum Kalchofengut kommen, wo das Heimatmuseum untergebracht ist, in dem bäuerliches Kulturgut gezeigt wird. Auch ein gotisches Taufbecken, das zufällig in einem Keller gefunden wurde, wird ausgestellt.

Wir kehren auf die Straße zurück, wandern rechts am alten, dicht bewachsenen Waschhaus des Flatscherhofes vorbei und bis zur nächsten Kreuzung, an der wir geradeaus weitergehen. Im Folgenden überqueren wir die Unken und wandern bis zur Weggabelung, an der wir uns links halten und anschließend den Hammerbach kreuzen. Nach einigen Häusern biegt rechts ein Wanderweg zur Festung Kniepass, dem seit der Festlegung der Grenzen des Erzbistums (1328) eine wichtige strategische Bedeutung zukam. Seit dieser Zeit wurde der Eingang zum Pinzgau von dieser Stelle bewacht. Zu Beginn des Dreißigjährigen Krieges (1618–1648) ließ Fürsterzbischof Markus Sittikus die Landesgrenzen besonders sichern und beauftragte den Hof- und Dombaumeister Santino Solari mit dem Bau der Anlagen.

Wir verlassen die Festung Kniepass, gehen in nordöstlicher Richtung ein Stück der Bundesstraße entlang, überqueren die Mündung der Unken in die Saalach und biegen kurz danach auf den Weg ein, der zum Schloss Oberrain führt. Wir kommen an der Nordseite des Anwesens vorbei und zweigen links auf das Reiter Wegl ab, auf dem wir zum Kalchofengut zurückkehren und von dort über die Heutal-Landesstraße wieder zur Kirche spazieren, wo wir beim Kirchenwirt auf ein „Stoabergschnitzel" einkehren.

Genuss, der ankommt! Im Landhotel Kirchenwirt werden die Gäste mit Spezialitäten aus Österreich und mit mediterranen Gerichten auf der Sonnenterrasse, im À-la-carte-Stüberl oder im Restaurant verwöhnt. Geöffnet ab 17 Uhr, Mittwoch und Donnerstag Ruhetag.

Kirchenwirt, Niederland 3, 5091 Unken, Tel. 06589/42 04, info@kirchenwirt-unken.at, www.kirchenwirt-unken.at

55

Vom Heutal auf das Sonntagshorn

Grenzberg zwischen
dem Pinzgau und Bayern

- **Tourcharakter:** Tagestour
- **Ausgangs- und Endpunkt:** Parkplatz beim Alpengasthof Heutal
- **Weglänge:** 12 km
- **Gesamtdauer:** 6,5 h
- **Höhenunterschied:** 1000 hm
- **Besonderheit:** Grandiose Fernsicht

Wie immer bei beliebten Aussichtsbergen gibt es mehrere Aufstiegsvarianten. Wir wählen als Ausgangspunkt für die eintägige Wandertour den Parkplatz zwischen Alpengasthof Heutal und dem Heutalbauern. Die Fahrt von Unken über den Sonnberg herauf ist wegen der Lage des Tals und dem umgebenden Panorama für sich allein schon ein Erlebnis. Dazu kommt, dass sich das Heutal zu jeder Jahreszeit von einer reizvollen Seite zeigt. Liebliche Wiesen im Frühjahr und Sommer, bunte Laubwälder und mystische Nebelschwaden im Herbst, die vom Winterschnee abgelöst werden. Der Panoramablick auf die Reiteralpe stimmt uns auf die bevorstehende Wanderung ein.

Zunächst sind wir in östlicher Richtung über Forststraßen und Waldwanderwege entlang des Lahnersbachs unterwegs. Dieser eher gemütliche Einstieg endet bei der Hochalm auf etwa 1400 Meter nach einer guten Stunde. Danach wird der Steig steiler und zuweilen auch etwas schwieriger. Die Serpentinen, die sich über den Südrücken des markanten Berges hinaufziehen, verlangen eine gewisse Trittsicherheit. Aber wenn das Schuhwerk entsprechend gut und die Wanderung nicht die erste Begegnung mit den Bergen ist, eignet sich die Route für jedermann. Von der Hochalm aus erreicht man den Gipfel nach etwa drei Stunden. Übrigens ist der Name „Sonntagshorn" nicht vom siebenten Tag der Woche abgeleitet, wenn am Sonntag auch die meisten Wanderer unterwegs sind, sondern verdankt den Namen angeblich seiner Form, die einem Sonnendach entspricht. Auf der Südseite wirkt der Gipfel wie ein Dach, das der geringen Neigung wegen stark von der Sonne beschienen wird.

Über den Gipfel des mit 1961 Meter höchsten Berges der Chiemgauer Alpen zieht sich die Grenze zwischen Österreich und Deutschland, dem Land Salzburg und Oberbayern. In nördlicher Richtung geht der Blick weit ins bayerische Alpenvorland hinaus, in südlicher Richtung verfängt er sich in den bizarren Gesteinsformationen der Reiteralpe und der Loferer Steinberge. Für den Rückweg wählen wir wieder die Aufstiegsroute, die beim Abstieg in zweieinhalb Stunden zu bewältigen ist.

Die Walnuss, um das Gedächtnis fit zu halten, Ebenholzrauch gegen entzündete Nasennebenhöhlen, Löwenzahn gegen kleine Gallensteine, und getrocknete Heidelbeeren gegen Durchfall – die Liste ließe sich beinahe unendlich fortsetzen. Anhänger der Theorie, dass gegen alles ein Kraut gewachsen ist, die Natur für alle Übel ein Heilmittel bereithält, werden dies sofort und kompromisslos bejahen. Aber es gibt auch zahlreiche Skeptiker. Der Dualismus in der Betrachtung der Wirkkraft traditioneller Heilmittel setzt sich bis in die Chefetagen der Krankenkassen sowie der medizinischen Standesvertreter und Pharmakonzerne fort. Das Geld spielt für beide Seiten eine mächtige Rolle. Sozialversicherungen müssen sparen, während Mediziner und Arzneimittelhersteller auf ihren Alleinvertretungsanspruch in Sachen Therapie und Heilung pochen. Alte Pinzgauer Bäuerinnen und Bauern werden über diesen Interessenkonflikt milde schmunzeln. Sie wissen es wirklich besser und haben die Erfahrung auf ihrer Seite. Wer früher, bis in die Zeit nach dem Zweiten Weltkrieg, einen Bauernhof beinahe ausschließlich als Selbstversorger geführt hatte, wusste selbstverständlich auch, wie den verschiedenen Wehwehchen bei Mensch und Tier zu begegnen ist, ohne dass der Weg zum Arzt und in die Apotheke dafür notwendig geworden wäre. Es liegt aber auch in der Natur der Dinge, dass dieses uralte Heilwissen zu verschwinden droht, weil mit den Menschen auch deren Wissen stirbt, sofern es nicht schriftlich festgehalten wurde. Das Heilwissen war ein Schatz, den es in allen Kulturen sorgsam zu hüten galt, und zum Teil auch heute noch gilt. Es war immer auch eine Frage des persönlichen Vertrauens, an wen das Wissen weitergegeben wurde.

Traditionelle Europäische Heilkunde (TEH) hat im Prinzip den gleichen Stellenwert wie etwa TCM, die traditionelle chinesische Medizin, oder das alte Heilwissen der Inder, welches als

Ayurveda – das Wissen vom Leben – bei uns bekannt geworden ist. Die TEH ist nur noch nicht so „sexy" und kostet auch nicht so viel, aber der Trend ist günstig. Die Weltgesundheitsorganisation (WHO) ist generell bestrebt, traditionelles Heilwissen zu archivieren, um es lebendig zu halten, und die UNESCO hat das Heilwissen des Pinzgauer Saalachtales zum immateriellen Kulturerbe geadelt.

Karin Buchart, Kräuterfrau der ersten Stunde, weiß, wie man mit Lebensmitteln umgeht und wurde von ihrer Großmutter mit dem traditionellen Heilwissen vertraut gemacht. Die studierte Ernährungswissenschafterin und langjährige Leiterin einer Diätküche hat nicht nur in vielstündigen Interviews Details gesammelt und notiert, sondern auch ein Buch mit dem Titel „Die 13 Plagen in den Alpen" geschrieben. Darüber hinaus ist sie Geschäftsführerin des TEH-Vereins für traditionelle europäische Heilkunde, der im alten Zollhaus am Steinpass ein Geschäft betreibt, in dem es vom Zirbenpolster über Kräuter, Marmeladen, Honig und Hochprozentiges bis hin zu den „Pinzgauer Doggeln" alles gibt, wofür die Natur dieser Region die Grundlagen liefert.

■ **WEITWANDERWEGE**

Arnoweg

Auf der Route des Arnoweges kann das Land Salzburg in seinen heutigen Grenzen umwandert werden. Der Weg ist nach dem Salzburger Bischof Arno benannt, der gleichzeitig Abt von St. Peter war und vermutlich von 740 bis 821 n. Chr. lebte. 798 wurde er auf Weisung Kaiser Karls des Großen zum Erzbischof erhoben. Angelegt wurde der Weg, der an das europäische Fernwandernetz angeschlossen ist und über weite Strecken auf bereits vorhandenen Wegen geführt wird, anlässlich des 1200-jährigen Jubiläums der Erzdiözese Salzburg. Im Rupertiwinkel sowie südlich des Großglockners und des Sonnblicks verlässt er kurz Salzburger Boden. In der längsten Variante umfasst der Arnoweg eine Strecke von 1200 km.

Auf seinem Weg durch den Pinzgau führt der Arnoweg durch das Steinerne Meer über die Loferer und Leoganger Steinberge und weiter über Saalfelden und Maria Alm auf den Hundstein in den Salzburger Schieferalpen. Von Zell am See geht er von der Schmittenhöhe aus in die Kitzbüheler Alpen bis Krimml, wo er auf die andere Talseite in die Hohen Tauern wechselt. Hier geht der erste Abschnitt durch das Krimmler Tauerntal bis zur Warnsdorfer Hütte und über das Gamsspitzl zur Kürsingerhütte am Fuße des Großvenedigers. Der zweite Abschnitt des Arnoweges in den Hohen Tauern führt durch das Obere Sulzbachtal nach Neukirchen, von dort weiter nach Bramberg ins Habachtal und hinauf zur Neuen Thüringer Hütte. Im dritten Abschnitt geht es von der Neuen Thüringer Hütte im oberen Habachtal über Scharten und Törl bis zur Gleiwitzer Hütte im Fuscher Tal, dazwischen liegen die Neue Fürther Hütte im oberen Hollersbachtal, die St. Pöltner Hütte auf dem Felber Tauern und die Rudolfshütte im Stubachtal, von wo der Weg über das Kapruner Törl zum Mooserboden führt und über die Fürthermoor Alm zur Krefelderhütte am Fuße des Kitzsteinhorns. Über die Piffscharte geht es schließlich zur Gleiwitzer Hütte und von dort ins Fuscher Tal hinunter. Der letzte Abschnitt des Arnoweges auf Pinzgauer Boden macht über das Glocknerhaus und Heiligenblut einen Abstecher nach Kärnten, von wo es, zurück auf Salzburger Boden, auf den Hohen Sonnblick geht. Abschließend führt er über die Rojacherhütte und das Niedersachsenhaus nach Böckstein und Bad Gastein, womit er den Pongau erreicht.

Pinzgauer Spaziergang

Der Pinzgauer Spaziergang, auch „Pinzgauer Höhenweg" genannt, ist ein etwa 25 Kilometer langer Höhenweg in den Kitzbüheler Alpen, die das Salzachtal vom Glemmtal, dem Oberlauf der Saalach, trennen. Jeder Schritt dieser Höhenwanderung eröffnet wunderbare Ausblicke in die Hohen Tauern – von der Glocknergruppe über die Granatspitzgruppe bis zur Venedigergruppe und weiter in die Zillertaler Alpen reicht das überwältigende Panorama. Der Weg beginnt auf der Schmittenhöhe und führt bis zur Bürglhütte unterhalb des Geißsteins auf der Höhe von Stuhlfelden. Der Pinzgauer Höhenweg ist insgesamt ein „Spaziergang", der auf einer Höhe zwischen 1800 und 2000 Meter verläuft und durchwegs leicht zu begehen ist. Der Aufstieg zu den einzelnen Gipfeln kann mitunter etwas anspruchsvoller sein. Von der Schmittenhöhe, die auch mit der Seilbahn zu erreichen ist, geht es in westlicher Richtung über das Kettingtörl zum 1865 Meter hohen Kettingkopf oder auf der etwas südlicher gelegenen Variante über die Pinzgauer Hütte. Beim Rohrertörl kommen die verschiedenen

Wegvarianten wieder zusammen. An der Südflanke des Gern-kogels vorbei geht es zur Klammscharte und weiter gegen Westen über Medalscharte und Sommertor bis zur Bürglhütte unterhalb des Geißsteins, von wo der Abstieg ins Salzachtal nach Stuhlfelden führt.

Rupertiweg

Der Rupertiweg ist nach dem heili-gen Rupert, Landespatron von Salzburg und früherer Bischof von Worms, benannt. Er kam um 700 n. Chr. in das Gebiet des heutigen Salzburgs. Als Teilstrecke des Europäischen Fern-wanderweges E10, der vom finnischen Lappland bis nach Andalusien im Süden Spaniens führt, beginnt der Rupertiweg an der österreichisch-tschechischen Grenze bei Bärenstein im Böhmerwald und endet im Nassfeld in den Karnischen Alpen. Auf seinem Weg durch Österreich quert er die Bundesländer Oberösterreich, Salzburg und Kärnten.

Im Pinzgau führt der Rupertiweg vom Königssee kommend in das Steinerne Meer zum Riemannhaus und von dort talwärts nach Maria Alm und wieder hinauf auf den Hundstein. Von Salzburgs „Rangglerberg" geht die Route des Rupertiweges nach Taxenbach in den Unterpinzgau, in die romantische Kitzlochklamm, weiter ins Rauriser Tal und über die Seebach-scharte nach Bad Hofgastein, wo wir bereits auf Pongauer Boden sind.

■ **PILGERWEGE**

Jakobsweg

Der aktuell beliebteste und gleich-zeitig auch bekannteste Pilgerweg ist der Jakobsweg, dessen Ziel im Nordwesten Spaniens liegt. Heute kommen jährlich an die 200.000 Pilger nach Santiago de Compostela, in die Hauptstadt Galiciens, und kehren mit einer Jakobsmuschel im Gepäck zurück. Das tatsächliche Ende des Weges liegt knapp 50 Kilometer westlich von Santiago in Finisterre an der

Atlantikküste. Als mit dem Bau der Kathedrale der Pilgerstrom einsetzte, wurde diese Küste dem Ende der Welt gleichgesetzt und hieß deshalb auch Costa de la Muerte, Küste des Todes. Erst wer sie gesehen hatte, war für einen Neuanfang nach der Pilgerreise reif. Jakobswege existieren mittlerweile fast überall in Europa, während dem korrekten Sprachgebrauch nach nur einem der Name wirklich gebührt – dem Camino Francés von den Pyrenäen bis an den Atlantik. Allerdings gibt es in Spanien auch noch die Silberroute, die Via de la Plata, von Sevilla bis Santiago. Alle anderen Wege wären richtigerweise als Wege der Jakobspilger zu bezeichnen.

Der kurze Pinzgauer Abschnitt des Jakobsweges durch Österreich führt von der salzburgisch-bayerischen Grenze bei Unken nach Lofer und von dort weiter bis zum Pass Strub an der Grenze zu Tirol. Die landschaftlich sehr reizvolle Strecke geht an der Saalach entlang und mitten durch die eindrucksvolle Bergwelt der Nördlichen Kalkalpen.

Pinzgauer Marienweg

Mit dem Pinzgauer Marienweg entstand 2010 ein neuer Pilgerweg. Er verbindet die Marienwallfahrtsorte des Pinzgaus miteinander und verläuft zwischen Maria Kirchental und Mittersill, von wo er über den Pass Thurn weiter nach Jochberg und St. Johann in Tirol führt.

■ RADWEGE

Tauernradweg

Der Tauernradweg beginnt im Oberpinzgau, dort, wo sich Salzach und Krimmler Ache vereinen, und führt entweder als Rundweg-Variante über die Stadt Salzburg wieder zurück in den Pinzgau oder weiter bis zur Mündung der Salzach in den Inn und an diesem entlang bis nach Passau. Die Gesamtlänge der Rundstrecke, die wahlweise an der Salzach oder an der Saalach gefahren werden kann, beläuft sich auf 270 Kilometer, wobei es die Steigungen auf einzelnen Abschnitten durchaus in sich haben und mehr als 10 Prozent betragen können. Die Gesamtstrecke durch das Salzachtal hat eine Länge von 310 Kilometern.

Der Pinzgauer Abschnitt des Tauernradweges führt entweder an der Salzach entlang von Krimml über Mittersill bis Kaprun und weiter bis Lend, oder von Krimml bis Zell am See und weiter über Saalfelden, Lofer und Unken.

Mozartradweg
Mozarts Reisen sind legendär. Er verließ Salzburg entweder in Richtung Mailand, Florenz, Rom, Neapel, Paris oder München, um Monate oder Jahre später wieder in die fürsterzbischöfliche Residenzstadt zurückzukehren. Oft fuhr er auch zu Auftritten in die nähere Umgebung. Entlang dieser Wege verläuft der grenzüberschreitende Mozartradweg. Er wurde 2003 im Hinblick auf Mozarts 250. Geburtstag im Jahr 2006 angelegt und umfasst insgesamt 450 Kilometer.

Auf einer kurzen Strecke tangiert der Mozartradweg auch den Pinzgau. Weil der Komponist auf seinen Italienreisen jeweils in Lofer haltmachte, verläuft der Pinzgauer Abschnitt zwischen Unken und dem Pass Strub.

DIE GESAMTE REIHE IN FÜNF BÄNDEN
Siegfried Hetz
ERLEBNIS SALZBURGER LAND
gesamt 992 S., FB, € 99,–, ISBN 978-3-7025-0689-6

BAND 1: FLACHGAU, 192 S., FB, € 21,–, ISBN 978-3-7025-0629-2
BAND 3: LUNGAU, 192 S., FB, € 21,–, ISBN 978-3-7025-0655-1
BAND 4: PONGAU, 208 S., FB, € 21,–, ISBN 978-3-7025-0671-1
BAND 5: TENNENGAU, 192 S., FB, € 21,–, ISBN 978-3-7025-0686-5

Register und Abkürzungsverzeichnis

Alexander-Enzinger-Weg 75

Bad Fusch..107, 111f
Birnbachloch...164f
Bramberg........................... 33ff, 37, 39, 198
Bruck a.d. Glocknerstraße ... 59, 109, 124, 126, 182
Bucheben 127f, 130
Burgwies 60

Dienten 141, 151f, 182

Embach 59, 109, 122ff, 126, 182
Enzingerboden.................................. 64ff, 106
Eschenau 109, 124, 126

Felber Tauern 47, 48, 50f, 53, 71, 107, 198
Ferleiten...................................... 106, 113f, 116
Fusch................................ 106f, 110ff, 114, 118f

Geißstein..56f, 89
Gerhardstein 178f
Großglockner Hochalpenstraße..106f, 114, 120

Habachtal...................................... 21, 33ff, 198
Heutal 192ff
Hinterglemm................... 57, 139, 153, 156
Hintersee...52
Hochkönig................................... 151, 154
Hollersbachtal............................ 21, 38, 198
Hundstein 81, 92f, 152, 198, 200
Hüttwinkltal..................... 127, 130, 132

Imbachhorn 118f

Käfertal 106f, 116f
Kaprun 47, 49, 60, 68ff, 72f, 83,
                              101, 105, 118f, 121, 202
Keltendorf Steinerbichl 61

Kitzbüheler Alpen 19, 28, 39, 94, 139f, 198f
Kitzlochklamm 122, 200
Kitzsteinhorn................72, 74f, 81, 87, 96, 140
Klingspitz 151f
Kniepass 193
Kolm Saigurn 127f
Kratzenbergsee 21, 37
Krimml 19f, 22f, 27, 40ff, 48, 60, 198, 202
Krimmler Achental 19, 22f, 27, 61
Krimmler Wasserfälle 25f, 41, 43, 47

Lamprechtshöhle 172, 183f
Larmkogelscharte 21, 36f
Leogang...........................59, 111, 141, 160ff
Leoganger Steinberge...93, 163f, 172, 183, 198
Lofer.....................59, 171,ff, 185f, 188f, 201f
Loferer Alm 186, 188f
Loferer Steinberge........154, 171, 181, 185, 195

Maishofen 97f, 139f
Maiskogel...74f
Maria Alm ... 59, 93, 141, 144f, 148f, 182, 198, 200
Maria Elend..123, 125
Maria Kirchental.............59, 173, 180, 182, 201
Mayrbergklamm 172, 185, 187
Mittersill 19, 21, 30, 42, 48, 50,
                              52ff, 59, 76, 182, 201f
Mooserboden....................... 47, 70ff, 106, 199
Nationalpark Hohe Tauern............... 29, 42, 49,
                              76f, 130, 135
Natrun...147
Naturpark Weißbach 171, 173f
Neukirchen am Großvenediger....... 21, 29f, 198
Niedersill................................ 49, 67f, 71, 105

Pass Strub 186, 188, 201f
Pass Thurn 19f, 39, 48, 53f, 201
Pasterze 7, 106, 120f

Piesendorf................................... 49, 67f, 71, 89
Pinzgauer Marienweg 59, 201
Pinzgauer Spaziergang 89, 199

Rauris............................. 105f, 122, 127f, 131ff
Reiterkogel...158
Rupertiweg 200

Saalbach 57, 83, 139
Saalfelden 70, 139ff, 143, 148, 166f,
                171, 173f, 186, 198, 202
Salzachjoch 27f, 154
Schloss Fischhorn 108
Schloss Grubhof 150
Schloss Lichtenau....................................49, 58f
Schloss Mittersill 53f
Schloss Oberrain................................150, 192f
Schloss Prielau 82, 96, 99
Schloss Rosenberg.....................................82, 87
Schloss Saalhof 99, 139
Schmittenhöhe ... 57, 73, 81, 85, 88, 90, 94, 198f
Seidlwinkltal...131f
Seisenbergklamm 171, 176f, 179
Sigmund-Thun-Klamm 69
Sonnblick 105, 128, 199
Sonntagshorn 194f

St. Georgen 124f
St. Martin bei Lofer 98, 173
Stubachtal...................47, 49, 61f, 64f, 71, 199
Stuhlfelden 20f, 48, 57ff, 182, 199f
Sulzbachtäler 21, 30ff, 77, 198
Taxenbach 14, 93, 109, 122, 125, 200
Thumersbach 81, 94
Triefen 149f
Tristkogel 153ff

Ullachtal...165
Unken 111, 150, 171f, 186, 190ff, 195, 201f
Untersulzbachfall 31f
Uttendorf... 49, 61f, 66

Vorderkaserklamm..................... 172, 183, 184

Wald im Pinzgau 20, 27
Wasenmoos 19, 39, 40
Weißbach bei Lofer 173, 175
Wiegenwald...64ff

Zell am See.................40, 49, 57, 72ff, 81ff, 86,
             90f, 93, 95, 100f, 109, 119,
            140f, 171, 186, 198, 202
Zeller See 81, 93f, 118f

Abkürzungen

hm .... Höhenmeter
h .... Stunden
🚲 ....Radwanderung
🔍 .... Spezialtipp in der Region

Thomas Neuhold

100
TAGESRUNDTOUREN
Bergauf – bergab
auf neuen Wegen

224 Seiten
durchgehend farbig bebildert, Karten
11,5 x 18 cm
französische Broschur
EUR 22,–
ISBN 978-3-7025-0673-5

Tatjana Rasbortschan

75 LEHRWEGE
UND ERLEBNISPFADE
Oberösterreich, Salzburg,
Berchtesgaden

216 Seiten
durchgehend farbig bebildert, Karten
11,5 x 18 cm
französische Broschur
EUR 22,–
ISBN 978-3-7025-0707-7

VERLAG ANTON PUSTET

Franz und Philipp Sieghartsleitner

ERLEBNIS
EISENWURZEN
50 Wanderungen
und Mountainbiketouren

240 Seiten
durchgehend farbig bebildert, Karten
11,5 x 18 cm
französische Broschur
EUR 23,–
ISBN 978-3-7025-0780-0

Christine und Michael Hlatky

BERGWANDERN
MIT HUND
40 Touren
in ganz Österreich

192 Seiten
durchgehend farbig bebildert, Karten
11,5 x 18 cm
französische Broschur
EUR 22,–
ISBN 978-3-7025-0709-1

www.pustet.at